Zwischen Liebe und Konflikt

Zwischen Liebe und Konflikt

Mütter und Töchter

Ulrike Ley und
Susanne Sander

KNESEBECK

Unseren Müttern in Dankbarkeit, Liebe und Respekt.

Inhalt

Mütter und Töchter – eine Beziehung zwischen Liebe und Konflikt. Was beeinflusst diese Beziehung, woher kommen die Konflikte? Über jeder Mutter-Tochter-Beziehung schwebt der Mutter-Mythos: das Bild der perfekten, idealen, dem Kind liebevoll zugewandten Mutter, die alles richtig macht, die keine Schwäche zeigt, unermüdlich und verantwortungsvoll für ihr Kind sorgt und eigene Wünsche und Bedürfnisse zurücksteckt. Sie allein ist verantwortlich für den Lebenserfolg ihres Kindes. Die Soziologin Marianne Krüll sagt: »Als Mutter hat sie ihre Kinder zu lieben. Punktum«. Keine Mutter kann diesem Ideal entsprechen. Jeder »Fehler«, jedes Aufbegehren gegen die Zumutungen dieser Rolle verwandeln sie in eine schlechte Mutter, und dafür gibt es keine Entschuldigung. Die perfekte Mutter ist kein lebbares Modell. Trotzdem ist der Mythos seit Jahrhunderten allgegenwärtig und hat uns – Mütter und Töchter – von frühester Kindheit an geprägt.

In den Biografien der Mütter-Töchter-Paare haben wir den unrealistischen Maßstab der perfekten Mutter vermieden. Es gibt keine Mütterschelte und keine Töchterschelte, kein »Warum hat sie nicht?« oder »Wie konnte sie nur?«. Wir fragen, warum sie, die Mutter, so gehandelt hat, welche bedeutsamen Zusammenhänge die Beziehung belastet haben. Wir erkennen die Leistungen der Mütter an und fragen nach dem Anteil, den das Verhalten der Tochter am Verhalten der Mutter hatte. Kurzum: Wir stellen die normal-unvollkommenen Mütter und ihre normal-unvollkommenen Töchter dar.

Die Auslöser der konfliktreichen Beziehungen zwischen Müttern und Töchtern sind oft eine ungewollte Ehe, eine ungewollte Schwangerschaft, die den Verlust der Hoffnungen auf ein selbstbestimmtes Leben bedeuten. Mathilde Baum wird an einen ungeliebten Mann verheiratet, der ihr das Leben zur Qual macht, die Geburt ihrer Tochter Vicki ist ein Schock. Gegen die Forderung der Selbstlosigkeit revoltiert sie und wird nach allen Regeln der damaligen Psychiatrie behandelt. Wie kann sie da eine »gute« Mutter sein?

Töchter waren selten willkommen, denn noch lange galt eine Mutter erst dann etwas, wenn sie einen Sohn geboren hatte. Nicht nur Vicki Baum soll eigentlich ein Viktor sein. Auch Emily Maude Tayler, die Mutter von Doris Lessing, erwartet einen Sohn, dessen Name lange vor der Geburt feststand. Queen Victoria reagiert mit Wut auf ihre Schwangerschaft und ist enttäuscht, als sie nach der ganzen Anstrengung eine kleine Victoria geboren hat. Sie will Königin und keine Mutter sein, doch folgt zu ihrem Ärger eine Schwangerschaft auf die andere (es gab ja noch keine sicheren Verhütungsmittel).

Für Anna Mahler kann ihre Mutter Alma keine Liebe empfinden, sie leidet darunter, dass sie als abhängige Ehefrau und Mutter leben muss und keine freie Künstlerin sein darf. Ihre Tochter gerät in einen Zwiespalt – was immer sie tut, um die Liebe ihrer Mutter zu erringen, es reicht nicht, denn dass sie ungewollt war, lässt sich ja nicht rückgängig machen. Die ungewollte Tochter Doris Lessing agiert dieses Dilemma aus: »Ich hasse dich«, schreit sie und will von ihrer Mutter doch nur eines: »Hab' mich doch lieb.«

»So wie sie will ich nicht sein«, damit grenzt sich Doris Lessing ab und kämpft gegen ihre Mutter um ein anderes, eigenes Leben. Das ist die eine Seite. Und die andere? »Meine Tochter soll es besser haben«, dies ist ein wichtiger Beweggrund für mütterliches Handeln. Vor allem die Mütter, die darunter leiden, kein unabhängiges Leben führen zu können, erkämpfen für ihre Töchter genau das. Sonni Danielsen und Mathilde Baum gelingt es, für ihre Töchter Karen Horney und Vicki Baum den entscheidenden Impuls zu geben.

Einige der porträtierten Mutter-Tochter-Beziehungen sind glücklich. Die Malerin Berthe Morisot hat ihre Tochter Julie Manet geliebt, sie wächst in der sicheren Geborgenheit des geliebten Kindes auf. Andere haben sich über die Geburt der Tochter gefreut. Die Anthropologin und Frauenrechtlerin Margaret Mead filmt die Geburt ihrer Tochter und teilt ihr so in einer außerge-wöhnlichen Weise ihren mütterlichen Stolz mit. Später, bei der Geburt der Enkelin, »streiten« beide Mütter liebevoll miteinander, wer das »schönere Baby« geboren hat. Sie waren ihren Töchtern gute Mütter, perfekt waren sie nicht.

Mütter und Töchter sind durch Traditionslinien verbunden. In der Stimme der Mutter ist immer auch ihre Mutter zu hören. Die Psychoanalytikerin Karen Horney konnte sich nicht entscheiden, ob sie Ärztin, Schauspielerin oder Mutter sein will. Ihre drei Töchter erfüllen diese Wünsche ihrer Mutter. Irène Joliot-Curie bewundert ihre Mutter und führt das Lebenswerk von Marie Curie fort – beide werden mit dem Nobelpreis geehrt. Das Vermögen, frech, klug und witzig zu schreiben, verbindet Hedwig Pringsheim mit ihrer Mutter Hedwig Dohm und ihrer Tochter Katia Mann. Andere Linien gehen verloren, zu gerne hätte Hedwig Dohm, die für den Zugang von Frauen zur Universität gekämpft hatte, erlebt, dass ihre Enkelin Katia als eine der ersten Frauen in Mathematik und Physik promoviert hätte. Sie orientiert sich aber an ihrer Mutter und heiratet Thomas Mann.

Wir plädieren für eine Versöhnung zwischen Müttern und Töchtern, obwohl kein Wort so wenig trifft wie dieses, eigentlich müsste es ja »Vertöchterung« heißen. Wie könnte das gehen? Die Anthropologin und Mutterforscherin Sarah Hrdy sagt über ihre Mutter: »Sie war eine umwer-fend schöne, sehr kluge und sehr ehrgeizige Frau. Ihre Stellung in der Gesellschaft war ihr wichtiger als die Kinder. Für uns gab es Kindermädchen, die ständig wechselten. Abstoßend war, wie meine Mutter über die Bedürfnisse von Kindern dachte, aber das werfe ich ihr nicht vor. ... ich liebte sie sehr ... sie war eine gute, aufrichtige Person.« Diese souveräne Sicht auf die eigene Mutter gelingt oft erst im reifen Alter. So schreibt Doris Lessing, die ihre schwierige Mutter-Beziehung ihr Leben lang als Schriftstellerin reflektiert: »Man muss erwachsen sein, wirklich erwachsen, nicht nur an Jahren, um seine Mutter zu verstehen.«

Wir danken Marianne Krüll, die mit Verve für die Versöhnung zwischen Müttern und Töchtern wirbt und uns zu diesem Buch inspirierte, vor allem aber Belinda Grace Gardner, die uns beim Schreiben klug und souverän begleitet hat.

Ulrike Ley & Susanne Sander

Olga Tschechowa

1897–1980, Schauspielerin, Unternehmerin

Ada Tschechowa

1916–1966, Schauspielerin, Agentin

Vera Tschechowa

*1940, Schauspielerin, Regisseurin, Drehbuchautorin

»Mama – das war Kameradschaft, Liebe, Geist, Humor, Geborgenheit«

Vera, Olga und Ada Tschechowa, 1959

»Ich bin in einer Welt von Kunst und Schönheit aufgewachsen«, schreibt Olga Tschechowa in ihren Lebenserinnerungen *Meine Uhren gehen anders*. Geboren als Olga Konstantinowna Knipper am 26. April 1897 in Alexandropol, wächst sie mit einer älteren Schwester und einem jüngeren Bruder in wohlbehüteten, großbürgerlichen Verhältnissen auf. Der deutschstämmige Vater, Konstantin Knipper, leitet als Ingenieur und hoher Beamter den Bau von Eisenbahnstrecken im Zarenreich. Die Mutter, Helene-Louise »Lulu« Knipper, geborene Reed, durch ihre irisch-österreichischen Eltern europäisch geprägt und kosmopolitisch gebildet, führt einen Salon, in dem berühmte zeitgenössische Künstler verkehren.

Neben Weltoffenheit, Toleranz und Fleiß gehört auch Ordnung und Pflichtgefühl zu den Prinzipien der Erziehung: »… (sie) werden uns schon früh anerzogen. So darf das Personal nicht unsere Betten machen … Das haben wir selbst zu tun. Nur unser Bruder ist davon ausgenommen. Er ist ein ›kleiner Mann‹. Und ›Betten machen‹ ist nach landläufiger Meinung ›Mädchenarbeit‹.« Die Kinder haben aber auch viele Freiheiten, sie »dürfen toben, rudern, schwimmen, reiten, Tennis und (als Mädchen!) sogar Fußball spielen«. Olga liebt bereits als Kind Tiere und Natur: »Bäume, Blumen, seltene Gräser, graziöse Schmetterlinge, Bienen und Ameisen sind mir dankbare ›Studienobjekte‹; … Ich lausche Einheimischen, … lerne von ihnen, wozu und vor allem wogegen Beeren, Pflanzen und Kräuter gut und nützlich sind. … mein Sinn für natürliche Kosmetik ist ganz sicher in den kaukasischen Bergen entwickelt worden.« Hier ist der Grundstein gelegt für ihren späteren Erfolg mit einem Kosmetikunternehmen.

Ihre ersten fünf Lebensjahre lebt Olga im Kaukasus, dann in den Kulturmetropolen Moskau und St. Petersburg. Der frühreifen 15-Jährigen wird die behütete Welt zu eng, sie sehnt sich nach Freiheit: »Ich will ganz einfach ›hinaus ins Leben‹.« Ihren Wunsch, Schauspielerin zu werden, lehnt ihr Vater strikt ab. Unter der Obhut seiner Schwester, der berühmten Schauspielerin und Witwe Anton Tschechows, Olga Knipper-Tschechowa,

»Mein Sinn für natürliche Kosmetik ist ganz sicher in den kaukasischen Bergen entwickelt worden.«

gestattet er ihr indes, in Moskau Kunst und Bildhauerei zu studieren. Dort verliebt sie sich in ihren Cousin,
den jungen Schauspieler Michael »Mischa« Tschechow
(1891–1955). Beide heiraten im Herbst 1914 spontan und
heimlich, da Olga erst 17 ist und weiß, dass ihre Eltern
niemals zustimmen würden. »Was ich noch nicht weiß,
diese Ehe ist eine Torheit, für die ich bitter zu zahlen
haben werde.« Ihre Mutter sagt ihr klar: »Mach nicht
noch eine zweite Dummheit. Sieh wenigstens zu, dass
du kein Kind bekommst, bevor ihr beide euch besser
kennengelernt habt.« Nur kurze Zeit später stellt Olga
fest, dass sie schwanger ist. Ihre Tochter Olga Tschechowa, genannt Ada, kommt am 9. September 1916 in
Moskau zur Welt. Der Vater zeigt keinerlei Interesse

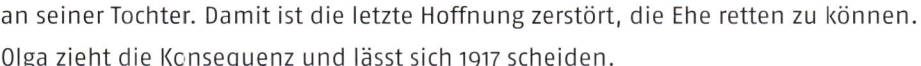

an seiner Tochter. Damit ist die letzte Hoffnung zerstört, die Ehe retten zu können.
Olga zieht die Konsequenz und lässt sich 1917 scheiden.

Die Grande Dame
des deutschen Films:
Olga Tschechowa,
1928

Ihre Situation ist prekär – ihr Vater, der die Heirat entschieden abgelehnt hatte,
verweigert ihr jegliche finanzielle Unterstützung. Zum ersten Mal in ihrem Leben wird
Olga mit Armut konfrontiert. Diese Erfahrung stärkt ihren Entschluss, ihr Leben in die
eigenen Hände zu nehmen. Sie lernt Stenografie, arbeitet als Bürokraft, verkauft selbst
geschnitzte Schachfiguren und spielt 1917/18 ihre ersten kleinen Rollen im Film.

Durch die Revolution wird die Familie getrennt. Olgas Eltern gehen nach Sibirien,
wo Konstantin Knipper eine verantwortliche Stelle bei der transsibirischen Eisenbahn
übernimmt. Angesichts der katastrophalen Versorgung in Moskau willigt Olga ein, ihre
Tochter der Großmutter in Pflege zu geben. Olga bleibt zunächst mit ihrer Schwester
in Moskau, aber die unsichere politische Lage und der anhaltende Hunger veranlassen
sie 1920, nach Berlin auszureisen, wo sie ihr Glück als Schauspielerin sucht.

Der berühmte Name öffnet ihr wichtige Türen, und der Filmregisseur Friedrich
Wilhelm Murnau entdeckt sie 1921 für den deutschen Stummfilm. Olga Tschechowa
avanciert schnell zu einer der meistbeschäftigten Schauspielerinnen der Weimarer
Republik und genießt in den Medien den Status eines Stars. Sie wird die Grande Dame
des deutschsprachigen Films, ist aber auch eine der ersten Frauen, die im Filmgeschäft

als Regisseurin und Produzentin tätig sind. »Ich bin stolz auf meine – meine eigene! – Produktion.« Doch ihre Partner betrügen sie, und sie haftet mit ihrem Vermögen, als die Firma nach fünf Filmen 1929 in Konkurs geht: »Mit Kopfschütteln werde ich später als erfahrene Unternehmerin an diese Dummheit zurückdenken.« Sie hat es einem jüdischen Bankier zu verdanken, dass sie nicht zahlen muss. Aus Verehrung erlässt er ihr die Schulden von einer Viertelmillion Reichsmark. Sie kann ihm später helfen, rechtzeitig vor der Deportation durch die Nationalsozialisten zu emigrieren.

Olga Tschechowa hat sich etabliert und sehnt sich nach ihrer Familie: »… ich brauche Ruhe, innere Ruhe und persönlichen Halt. Ich brauche meine Familie. Es fehlt mir nicht an Freunden, guten Bekannten und ganz sicher nicht an Verehrern …«. Der Vater ist Ende 1923 in Leningrad gestorben, und im Sommer 1925 kommt die Mutter

Olga und Ada Tschechowa gemeinsam auf der Bühne, Berlin, 1933

mit ihrer Tochter endlich nach Berlin: »Natürlich ist unser Wiedersehen … ganz anders, als wir es uns vorstellen: Jahre liegen zwischen uns. Ada ist ein junges Mädchen geworden, das von mir nicht mehr viel weiß; und Mama ist älter geworden … trotzdem: Wir sind wieder zusammen und nach nicht allzu langer Zeit auch wieder glücklich miteinander. Ich fühle mich geborgen.« Der Frauenhaushalt – 1929 kommt Schwester Ada mit ihrer Tochter Marina dazu – lebt im großen Stil ein matriarchales Lebensmodell: Ada führt die Geschäfte der erfolgreichen Schwester und organisiert den luxuriösen Haushalt mit diversen Angestellten, die Mutter kümmert sich um die Erziehung der Mädchen und erhält das russische Milieu, Olga Tschechowa verdient das Geld. Selbstironisch beschreibt Olga Tschechowa ihre Rolle: »›Meine Damen‹ zu Hause … nennen mich ihren ›Schlafburschen‹: Ich fahre vor sieben Uhr ins Atelier und komme erst gegen Mitternacht aus der Vorstellung zurück. … Sie nehmen mir einfach alles ab – auch die Lösung größerer Probleme: die Erziehung meiner Tochter Ada und meiner Nichte Marina zum Beispiel. Mein Beitrag zum häuslichen Leben beschränkt sich auf die häufig wiederkehrende Frage: ›Brauchst du Geld?‹ Auch nach Schulzeugnissen erkundige ich mich pflichtschuldigst …«.

Zwischen der Mutter und Tochter Ada entwickelt sich eine ambivalente Beziehung. Für das junge Mädchen ist die Mutter ein Idol, das nur selten in ihrer Nähe ist, aber die Tochter mit Geschenken überschüttet und verwöhnt. Olga Tschechowa unterstützt den Wunsch ihrer Tochter, Schauspielerin zu werden. Allerdings wird es dieser nicht gelingen, sich in diesem Beruf durchzusetzen und aus dem Schatten der glamourösen Mutter herauszutreten. Es wird nicht offen ausgesprochen, aber eine zweite Tschechowa neben sich kann die Mutter nicht dulden. Erst als Ada Tschechowa mit 41 Jahren 1957 eine Künstleragentur für Film und Fernsehen gründet, emanzipiert sie sich von ihrer Mutter und macht Karriere.

Ein Déjà-vu-Erlebnis bereitet Ada ihrer Mutter Anfang 1933, als sie sie »vor ähnlich vollendete Ehetatsachen stellt wie ich meine Eltern anno 1914, (das) kommt sicherlich auch nicht von ungefähr, Einsicht und Erkenntnissen geht ja öfter das – Abenteuer voraus … Ich versuche, gelassen zu bleiben … Das Glück dauert nicht länger

»›Meine Damen‹ zu Hause … nennen mich ihren ›Schlafburschen‹: Ich fahre vor sieben Uhr ins Atelier und komme erst gegen Mitternacht aus der Vorstellung zurück.«

»Eine Tschechowa heiratet nicht! …
Nein, lieber ein uneheliches Kind und die Schande
der Nation sein, als zu heiraten!«

als seinerzeit meine ›Kinderehe‹ …«. In der Erinnerung werden die drei Ehen der
Tochter, laut Olga Tschechowa, »ohne ernsthafte Belastungen bleiben, obgleich
die Männer ihrer Wahl kaum gegensätzlicher sein könnten.« Franz Wehmayr ist UFA-
Kameramann, Wilhelm Rust Frauenarzt, aus dieser Ehe stammt die am 22. Juli 1940
geborene Tochter Vera, und Conny Rux ist Boxer, mit ihm hat Ada den 1951 geborenen
Sohn Michael.

Auch Olga Tschechowa wird ein zweites Mal heiraten. Marcel Robyns, ein bel-
gischer Geschäftsmann, »wirbt so lange, bis ich alle meine Prinzipien vergesse und
›schwach‹ werde. Wir heiraten 1936.« Nach drei Jahren reicht sie, die nicht bereit ist,
ihren Beruf für die Ehe aufzugeben, die Scheidung ein. Danach wird sie wechselnde
Beziehungen zu wesentlich jüngeren Männern haben, die sie absolut diskret handhabt.

Mit dem Tod von Lulu Knipper, die 1943 im Alter von 68 Jahren unerwartet stirbt,
wird Olga Tschechowa mit einer völlig neuen Lebenssituation konfrontiert: Die über
13 Jahre bestehende Frauengemeinschaft verliert nicht nur ihren Mittelpunkt, sondern
zerbricht. »Mama – das war Kameradschaft, Liebe, Geist, Humor, Geborgenheit … ich
bin plötzlich allein: Meine Tochter ist verheiratet und hat die kleine Vera; meine Nichte
hat eben geheiratet; und meine Schwester ist zu ihrer Tochter gezogen … Allein zu sein,
ist so neu oder ungewohnt für mich, nicht einmal deprimierend, aber – bisher gab es
immer und allgegenwärtig Mama …«.

Nur wenige Monate später brennt Olga Tschechowas Stadtwohnung im Bomben-
hagel aus, und sie zieht in ihr Landhaus am Groß Glienicker See. Kurz danach entsteht
eine neue Hausgemeinschaft mit ihrer Tochter und Enkelin, die ebenfalls ausgebombt
wurden. Das Kriegsende erlebt der verkleinerte Frauenhaushalt relativ unbeschadet.
Dank ihrer Bekanntheit und ihrer russischen Herkunft bleiben die Frauen von Übergrif-
fen der Roten Armee verschont.

Nach Kriegsende wird Olga Tschechowa vom sowjetischen Geheimdienst nach
Moskau verschleppt. Sie muss sich verpflichten, über alle Vorgänge Stillschweigen zu
bewahren, woran sie sich bis zu ihrem Tod hält. Bis heute ist nicht geklärt, welche Rolle
sie tatsächlich gespielt hat. In den folgenden Jahren tauchen in der Presse immer
wieder Gerüchte über ihre angebliche Spionagetätigkeit auf, die sich im Kalten Krieg
negativ auf ihre Karriere auswirken. In dieser Situation rücken Mutter und Tochter noch
enger zusammen und leiten Ende der vierziger Jahre ein kleines Theater in Berlin-

Friedenau. Größere Rollenangebote bleiben aber aus. Olga Tschechowa schätzt ihre Chancen als inzwischen über Fünfzigjährige realistisch ein – und sucht eine neue berufliche Orientierung. Sie verlässt Berlin und zieht nach München, schreibt dort den ersten Band ihrer Memoiren, eröffnet einen Kosmetiksalon und bringt einen sehr erfolgreichen Schönheits- und Moderatgeber heraus. Durch den Erfolg ermutigt, gründet sie 1955 eine eigene Kosmetikfirma, die schnell expandiert und sehr erfolgreich ist: »Über hundert Präparate sind hier gestapelt; mit neun haben wir angefangen. Ich freue mich immer wieder über die vielen Auszeichnungen, die unsere Produkte erreicht haben ...«.

Auch Ada Tschechowa zieht Anfang der 1950er Jahre mit ihrer Familie in die Nähe von München. Ihre Tochter Vera, die Dritte in der Generationenfolge, erhält bereits mit 16 Jahren ihr erstes Filmangebot. Zunächst eher widerwillig, sie möchte lieber Zeichnerin werden, startet sie ihre Karriere als Schauspielerin. Ihre Mutter als ihre Agentin verschafft ihr Rollen und sorgt für die entsprechende Publicity. Unzufrieden mit den Filmrollen und ihrem einseitigen Image als Teenageridol, besteht die 19-Jährige

Vera und Ada Tschechowa im Garten ihres Hauses in München, 1959

Vera Tschechowa und
Vadim Glowna in Berlin,
1970

auf einer Schauspielausbildung in Berlin,
weit weg vom kontrollierenden und bestim-
menden Tschechowa-Haushalt. »Das war
toll. Ich habe alles nachgeholt, was ich all
die Jahre nicht gedurft hatte.« Wie ihre Großmutter bricht sie aus der behüteten Welt aus.
Am Brecht-Theater lernt sie einen jungen
Schauspieler kennen, sie verlieben sich. Vera
Tschechowa wird schwanger. Sie wiederholt
ein Lebensmuster, das Großmutter und Mutter
geprägt haben. Auch sie ist noch minderjährig,
als sie 1961 ihren Sohn Nikolaus zur Welt bringt.
Allerdings befolgt sie den Rat von Großmutter
und Mutter: »Eine Tschechowa heiratet nicht! ...
Nein, lieber ein uneheliches Kind und die
Schande der Nation sein, als zu heiraten!«
Die Tschechowa-Frauen halten zwar zusammen,
aber ein Wiederaufleben der Frauengemeinschaft kann es nicht mehr geben, die Erwartungen und Ansprüche der Generationen sind zu unterschiedlich.

Der plötzliche Tod von Ada Tschechowa, sie stirbt mit nur fünfzig Jahren 1966
bei einem Flugzeugabsturz, bringt Großmutter und Enkelin trotz aller Gegensätze enger
zusammen. Einen letzten Brief an ihre Kinder Vera und Michael, den sie während des
Fluges schrieb, hüten diese als besonderes Vermächtnis: »Der einzige Ruhepunkt in
meinem Leben seid Ihr, meine Kinder. Zu Euch fliegen meine Gedanken. Ich denke an
Euch – wie an eine sonnige, helle Insel.« Für Olga Tschechowa besteht die Beziehung
zur Tochter auf einer mystischen Ebene fort: »Meine innere Beziehung zu Ada ist durch
ihren Tod nicht unterbrochen, ja, nicht einmal verändert. Ich höre, wie bisher, ihre
helle, hohe Stimme, ich höre ihr fröhliches ›Sajtschik‹ (russisch: ›Häschen‹, so nennt sie
mich seit ihrer Kindheit), ich höre sie tagsüber und noch öfter nachts in Träumen.«

Ein Jahr nach Ada Tschechowas Tod geht Vera eine neue dauerhafte Beziehung
mit dem Schauspieler Vadim Glowna (*1941) ein. Obwohl gegen das Establishment

und antibürgerlich eingestellt, was anfänglich den Widerstand der Großmutter – ihr Kommentar: »Sagen Sie mal, Herr Glowna, besitzen Sie noch ein anderes Paar Hosen?« – hervorruft, heiratet das Paar 1967. Bald darauf lassen sich die Tschechowas gemeinsam auf einem Grundstück, aber in getrennten Häusern, in München nieder. Olga Tschechowa als Matriarchin hält die Familie zusammen.

Vera Tschechowa gratuliert ihrer Großmutter zum 80. Geburtstag

Die Ehe von Vera Tschechowa und Vadim Glowna wird 23 Jahre währen. Gemeinsam gründen sie eine Produktionsfirma, konzipieren und drehen erfolgreich zahlreiche Filme. Anfang der 1990er Jahre zieht sich Vera Tschechowa als Schauspielerin mehr und mehr zurück. Wie ihre Großmutter und Mutter sucht sie eine neue Herausforderung und tritt als Regisseurin von Dokumentarfilmen hinter die Kamera.

Olga Tschechowa stirbt am 9. März 1980 nach schwerer Krankheit im Kreis ihrer Familie. Wie Anton Tschechow bittet Olga Tschechowa um ein letztes Glas Champagner und leert dies mit den Worten: »Das Leben ist schön.«

»Der einzige Ruhepunkt in meinem Leben seid Ihr, meine Kinder. Zu Euch fliegen meine Gedanken. Ich denke an Euch – wie an eine sonnige, helle Insel.«

Berthe Morisot

1841–1895, Malerin

Julie Manet

1878–1966, Malerin, Kunstsammlerin, Mäzenin

Édouard Manet: *Berthe Morisot mit Veilchenstrauß*, 1872

»Ich bin auf die helle Seite des Lebens getreten«

Berthe Morisot: *Julie träumend*, 1894

Berthe Morisots Gemälde *Amme mit Kind* ist ein außergewöhnliches Bild. Was sehen wir? Eine Frau, die ein Kind stillt. Das Besondere liegt in der Komposition, in ihrer Einfachheit, in der offenen, verwirrend freien, fedrigen Pinselführung, die nur allmählich Einzelheiten – einen Garten, eine Wiese, einen liegen gelassenen Sommerhut, einen Schirm – offenbart. Die kühne Farbgebung, dieses Flirren, Leuchten, Schimmern, die selbstverständliche Professionalität: Das alles war ganz neu. Berthe Morisot zeigt eine Szene aus der Arbeitswelt. Das überrascht, die Stillende ist eine »second mère«, eine Amme – damals ein angesehener und gut bezahlter Beruf. Im gehobenen Bürgertum, dem Morisot angehört, in der Oberschicht und in Handwerkerfamilien, in denen die Arbeitskraft der Frauen gebraucht wurde, stellte man eine Amme an, die im Haus wohnte, stillte und sich um das Kind kümmerte. Eine Frau stillt ein Kind, das sie nicht geboren hat. Gemalt wird sie von der Mutter, deren Kind sie stillt. Dies ist eine ganz außergewöhnliche Konstellation. Zwei Frauen, beide Mütter, gehen ihrem Beruf nach. Die eine stillt, sie ist Ersatz-Mutter und zugleich Arbeitnehmerin. Die andere malt, sie ist auf den Verkauf ihrer Bilder nicht angewiesen, die Malerei ist ihre Passion. »Arbeit ist für mich der einzige Zweck meines Daseins«, schreibt Berthe Morisot an ihre Schwester Edma, die ebenfalls eine ausgebildete Malerin ist. »Eine ins Ungewisse verlängerte Untätigkeit wäre für mich in jeglicher Hinsicht fatal.«

Es war ihre Mutter Cornelie, die dafür gesorgt hatte, dass Edma und Berthe Morisot eine solide Ausbildung in Zeichnen und Maltechnik erhalten. Als sich die künstlerische Begabung der Schwestern deutlich zeigt, warnt der Lehrer Guichard Madame Morisot: Eine Tochter, die professionell male, komme »in den großbürgerlichen Kreisen, denen sie angehören … einer Revolution gleich, fast möchte ich sagen, einer Katastrophe«. Doch das schreckt die Eltern nicht, im Gegenteil. Der Vater lässt für seine Töchter ein Atelier bauen und sorgt für ausgezeichnete Lehrer, denn die Kunstakademien sind Frauen noch verschlossen. 1865 stellen die Schwestern erstmals aus, es wird ein gemeinsamer Erfolg. Ein Kritiker schreibt begeistert: »Mut, meine Damen! Sie haben eine lange Karriere vor sich, und Sie scheinen entschlossen zu sein, mit Zuversicht und Glauben voranzuschreiten. Ich gratuliere Ihnen aufrichtig!« Und der noch unbekannte Maler Édouard Manet, der die Arbeiten der beiden Morisots schätzt, meint: »Schade, dass sie keine Männer sind. Aber auch als Frauen könnten sie der Sache der Malerei dienen, indem jede einen akademischen Maler heiratet und unter diesen alten Knackern Zwietracht stiftet. Aber das würde einige Opferbereitschaft erfordern.« Daran denkt Berthe Morisot nie. Klar und

»Arbeit ist für mich der einzige Zweck meines Daseins.«

Berthe Morisot: *Amme mit Kind* (Julie Manet), 1879/80

kompromisslos verfolgt sie ihren Weg als Künstlerin und wird eine der bedeutendsten und erfolgreichsten Impressionistinnen. Die Motivwahl und Malweise der Impressionisten waren so revolutionär und umstritten wie der Auftritt der Malerinnen. Berthe Morisot malt nicht, wie ihre Kollegen, das öffentliche Leben, die Restaurants, die Bars und Cafés. Diese sind für Frauen ihres Standes tabu. Ihre Arbeiten handeln vom privaten Leben.

Zu Beginn sind junge, verträumte, melancholische Mädchen Morisots Thema. Es ist eine Malerei der Innigkeit: Bilder von Frauen voller Sehnsucht und Wehmut, voller Erotik, beim Ankleiden vor dem Spiegel, bei der Morgentoilette, im Ballkleid; sie drücken die traumverlorene Stimmung junger Mädchen aus, Berthe Morisot will »etwas festhalten von dem, was vorüberzieht«. Dafür genießt sie große Anerkennung bei Kunstkritikern und bei Kollegen gleichermaßen. Der Kritiker Paul Mantz schreibt 1865 über ihre erste Teilnahme am Pariser Salon: »In der Gruppe der Revolutionäre gibt es nur einen Impressionisten, und das ist Berthe Morisot.« Für Monet, Degas, Renoir, Pissarro, Mary Cassatt ist sie die geachtete Kollegin – sie messen sich miteinander, tauschen sich aus, streiten. Als eine der Erneuerer der Malerei ihrer Zeit prägt sie einen unverwechselbaren Stil, darüber sind sich schon die Zeitgenossen einig. Als bei der Kunstauktion 1875 Arbeiten von Claude Monet, Alfred Sisley und Pierre-Auguste Renoir versteigert werden, erzielen ihre Bilder die höchsten Preise. Seite an Seite mit Renoir und Degas feiert man sie als eine der Hauptfiguren der zeitgenössischen Kunst und als »die Impressionistin schlechthin«. Und doch: Bei allem Erfolg bleibt für sie ein Rest Bitterkeit. 1890, sie ist 49 Jahre alt und seit dreißig Jahren Malerin, sagt sie: »Ich glaube nicht, dass es je einen Mann geben wird, der eine Frau von Gleich zu Gleich behandelt, und das ist alles, was ich verlangt hätte, denn ich weiß, was ich wert bin.«

Berthe Morisot steht vor der Wahl: malen oder heiraten, und Heirat ist das Synonym für »nicht mehr malen dürfen«. Ihre Schwester Edma heiratet und hört auf zu malen, nicht freiwillig. Ihre Kollegin Marie Bracquemond gibt ihre Malerei nach der Heirat mit dem Maler Félix Bracquemond auf, weil er sich von ihrem freien, innovativen Stil provoziert fühlt. Berthe Morisot ist klar: »Ich werde meine Unabhängigkeit nur durch Beharrlichkeit erreichen und dadurch, dass ich meine Absicht, mich zu emanzipieren, in aller Offenheit äußere.« 1871 lässt sie es auf einen Bruch mit den gesellschaftlichen Gepflogenheiten ankommen und verkündet: »Ich heirate nur, wenn ich weiter malen kann.« Der Mann ihrer Wahl ist Eugène Manet, Bruder des berühmten Édouard. Er ermutigt sie, unterstützt sie bei ihrer Arbeit, bereitet ihre Ausstellungen vor, erarbeitet den Katalog, arrangiert das Hängen ihrer Bilder. Sie ist die prominentere und erfolgreichere Malerin, er verzichtet. Sein Engagement für ihr Werk bleibt bestehen, auch nach der Heirat und der Geburt ihres Kindes.

Berthe Morisot: *Die Wiege* (Edma Pontillon, die Schwester der Künstlerin, mit ihrer Tochter Blanche), 1872

Das ersehnte Kind ist eine Tochter, und die Mutter ist einen Moment lang enttäuscht: »Nun, ich bin wie jedermann! Ich bedaure, dass Bibi kein Junge ist. Zunächst weil sie aussieht wie einer, zum anderen weil sie einen berühmten Namen weitertragen würde.« Nur welchen berühmten Namen: Morisot oder Manet? Die Tochter bekommt den Namen Julie Manet, denn »meine Tochter ist eine Manet bis in die Fingerspitzen; schon jetzt kann man sehen, dass sie alles von ihren Onkeln hat, nichts von mir«. Mit der kleinen Julie ändert sich für ihre Mutter das ganze Leben: »Ich bin auf die helle Seite des Lebens getreten«, sagt sie. Doch das neue Leben ist für Berthe Morisot auch eine große Herausforderung: Sie ist 37 Jahre alt und von der Geburt und auch von den Ansprüchen ihres Kindes erschöpft. Am Pariser Salon von 1879 kann sie nicht teilnehmen. Doch bereits ein Jahr später ist sie wieder dabei, mit zehn Gemälden, zwei Aquarellen und einem Fächer. Ihr Sujet wird Julie, sie malt Julie mit Puppe, Julie mit Violine, Julie mit Windhund, Julie träumend. Vom Wickelkind bis zum jungen Mädchen dokumentiert die Mutter das Leben ihrer Tochter mit ihrer Kunst. In diesen Bildern finden wir keine Schwärmerei, nichts Süßes, keinen idealisierten Blick auf das harmonische Band zwischen Mutter und Tochter. Sie malt ihren Ehemann mit dem Kind im Garten, der Vater betreut seine Tochter. Dies ist eine neue

Berthe Morisot: Eugène Manet und seine Tochter (Julie) *im Garten*, 1883

Rollenverteilung und eine Zukunftsvision. »Das wahre Leben« sollten die Impressionisten abbilden, hatte Zola gefordert. Diesen Anspruch erfüllt Morisot auf ihre außergewöhnliche und ganz unverwechselbare Art.

Für Julie ist Berthe Morisot gleichzeitig Künstlerin und zärtliche Mutter. Sie malt für ihre Tochter Aquarelle, »eine Frau auf einem Boot auf dem See, darunter steht geschrieben ›Entendame‹ … damit ich lesen lerne«. Julie Manet lernt zeichnen und malen von der Mutter, die kein Atelier hat und zu Hause arbeitet. Julie will unbedingt Künstlerin werden, wie ihre Mutter. »Wir malten«, heißt es immer wieder in ihrem Tagebuch. Motive sind die Leute, die auf der Straße vorübergehen, Landschaften – sie halten fest, was sie erleben. Julie Manet wächst in einer Atmosphäre auf, in der sich alles um Malerei, Musik und Literatur dreht. An den Donnerstagen versammeln sich Maler, Dichter und Intellektuelle im Elternhaus, und sie darf schon als kleines Mädchen am Tisch der Großen sitzen und zuhören. Sie lebt in einer großen Künstlerfamilie: Édouard Manet ist ihr Onkel und ein Freund der Mutter – er hat sie mehrfach porträtiert. Ihre Mutter ist mit Mary Cassatt, einer berühmten Malerin, befreundet, und zum Kreis ihrer Bekannten gehören Renoir, Degas, Monet, Mallarmé, Whistler und Caillebotte.

Julie Manet ist 17 Jahre alt, als sie ihren Vater verliert. Mutter und Tochter schließen sich in ihrer Trauer eng zusammen. Zwei Jahre später erkrankt Berthe Morisot: »Maman ist sehr krank. … Sie ist schrecklich schwach, kann kaum sprechen … Ich würde wer weiß was tun, damit Maman bald wieder gesund wird, es tut mir weh, sie so krank zu sehen, es kostet mich Mühe, nicht zu weinen … O mein Gott, mach Maman gesund.« Doch Berthe Morisot stirbt. Sie wird nur 54 Jahre alt.

»Wenn ich an alle Bangnis dieses Tages zurückdenke«, schreibt Julie in ihr Tagebuch, »habe ich das Gefühl, dass mir das Herz bricht. … Ich kann gar nicht sagen, wie unglücklich ich bin, wie tieftraurig. … Nie habe ich daran gedacht, dass ich einmal

ohne meine Maman sein würde …«. Kurz bevor Berthe Morisot stirbt, schreibt sie an ihre Tochter: »Meine kleine Julie, ich habe dich lieb, auch wenn ich jetzt sterbe, und ich werde dich über meinen Tod hinaus lieb haben. Bitte weine nicht, dieser Abschied ist unvermeidlich. Ich hatte gehofft, so lange zu leben, bis du verheiratet sein wirst … Sei fleißig (arbeite) und bleibe immer so liebenswert, wie du bist. Du hast mir in deinem kleinen Leben nie Kummer bereitet. Du besitzest Schönheit und Geld – mache das Beste daraus. … ich liebe dich mehr, als ich in Worte fassen kann.« Der Brief schließt mit der Bitte an die Cousine: »Jeannie, behüte Julie.«

Es tröstet Julie, dass sich die Malerfreunde um sie kümmern: »Ich habe nie vergessen, wie (Renoir) … in mein Zimmer kam, mich an sich drückte; ich sehe noch seine weiße rotgepunktete Künstlerschleife vor mir«. Die Freunde der Mutter und ihre Familien nehmen Julie als »Tochter« auf und bilden sie zur Malerin aus. Das bedeutet, den eigenen Stil zu finden, was schwer ist und von Momenten des Triumphs und der Verzweiflung begleitet. »Monsieur Renoir … sagte, meine Dahlien seien vortrefflich … ich brauche mehr Zeit, um mir darüber klar zu werden, wie ich male. … Mir scheint, dass ich ganz und gar unfähig bin; aber … das (ist) eine Mutlosigkeit, die meine Arbeits-lust weckt … Ich bin ganz besessen vom Malen«. Wenn sie klagt, dass Renoir sie zu wenig unterstützt, entgegnet ihr Monet: »man muss sich selbst finden.« Nur wie? Bei der Suche nach ihrem eigenen Weg fehlt ihr die Mutter. Immer wieder steht sie an ihrem Grab und fleht: »Maman, Maman! Sag mir, ob ich dir missfalle, sag mir, ob ich einen Weg einschlage, der dir missfällt, ich möchte einen Charakter haben, der dem deinen gleicht, das lieben, was du geliebt hast und lieben würdest, malen, wie du es möchtest, nun ja, eben deine Tochter sein. Könnte ich dir doch ähnlich werden! … Maman … leite mich!«

Ihr Malstil orientiert sich an ihrer bewunderten Mutter. Es entstehen Porträts der Familie, in denen sie ihre Bilder zitiert. Mehr noch: In der Arbeit *Jeannie Gobillard auf dem Sofa* erinnert sie sich an die Arbeitssituation mit ihrer Mutter. Im Spiegel, hinter dem Sofa, auf dem Jeannie so malerisch ruht, ist Julie Manet zu sehen, wie sie an diesem Bild arbeitet. Aus dem Modell Julie ist die Malerin Julie geworden. Doch bleibt die berühmte Mutter das nie erreichte Vorbild.

»Was soll ich tun?« Diese Frage bezieht sich nicht nur auf ihre Malerei, sie bezieht sich auf ihr ganzes Leben. Soll sie »eine alte Jungfer bleiben« oder heiraten – aber wen? Alleine zu leben, diese Vorstellung ist »schrecklich«, obwohl sie weiß, dass sie sich nicht beklagen sollte, »wenn das meine Zukunft wäre, denn ich habe … die Malerei, die ich so sehr liebe, und ich habe auch die Mittel, mir einige Freuden zu leisten, Bilder zu erstehen et cetera, aber wie viel schöner wäre es, eine Familie zu gründen … wie wundervoll es sein kann, sich geliebt zu fühlen, zu lieben … Derjenige, der mich solchermaßen träumen lässt, ich wage nicht seinen Namen zu nennen …«.

Der Name ist Ernest Rouart. Julie trifft ihn 1899 und verliebt sich gleich. »Er sieht sehr sehr gut aus … wirklich, er gefällt mir, ja!«, schwärmt sie, doch sie ist noch zu schüchtern, um mit ihm zu sprechen. »Ach, wenn ich ihm doch gefallen könnte!«, seufzt sie und ist doch längst entschlossen: »Ich gestehe mir ein, dass ich Ernest haben möchte.« 1899 heiratet Julie Manet den Maler Ernest Rouart, sie bekommt drei Söhne: Julien, Clément, Denis. Auch sie bleibt Malerin, wie ihre Mutter. Gleichzeitig organisiert sie bis ins hohe Alter Ausstellungen und sorgt so dafür, dass ihre Mutter nicht vergessen wird. Ein Höhepunkt ist die große Berthe-Morisot-Retrospektive 1941. Hier zeigt sich, was der Kunstkritiker Charles Lemonnier bereits 1901 vorausgesagt hatte: »Es wird das charakteristische Zeichen der Kunst dieses Jahrhunderts sein, dass sie das heutige Leben durch Frauen dargestellt sieht. Frauen bilden tatsächlich den Übergang zwischen der Malerei der Vergangenheit und der Malerei der Zukunft.«

»Maman, Maman! … ich möchte einen Charakter haben, der dem deinen gleicht, das lieben, was du geliebt hast und lieben würdest, malen, wie du es möchtest, nun ja, eben deine Tochter sein.«

Emily Maude Tayler

1884–1957, Krankenschwester, Farmerin

Doris Lessing

*1919, Schriftstellerin, Nobelpreisträgerin

»Ich habe ein Leben dazu gebraucht, meine Mutter zu verstehen«

Emily Maude Tayler und ihre Tochter Doris, um 1928

»Ach, Gott, es gibt Aufregenderes«, sagt sie nur, rückt Haarknoten und Strickjacke zurecht und verschwindet fürs Erste hinterm Gartentor. Die lakonische Bemerkung von Doris Lessing gilt der Schar von Journalisten, die bei ihrer Rückkehr vom Einkaufen vor ihrem Haus stehen und von der gerade frisch gekürten Nobelpreisträgerin für Literatur ein Statement erwarten. Doris Lessing ist 88 Jahre alt, als sie die begehrte Auszeichnung erhält. Eine erste Nominierung war bereits 45 Jahre zuvor erfolgt: für ein Werk, das sich mit Ungleichheiten und Ungerechtigkeiten auseinandersetzt und in dem die Beziehung zu ihrer Mutter eine wesentliche Rolle spielt.

»Über meine Mutter zu schreiben, fällt mir schwer«, bekennt sie in ihrem ersten Erinnerungsbericht *Impertinent Daughters and My Mother's Life* (dt.: *Das Leben meiner Mutter*). Er beginnt mit einer Frage, die Doris Lessing bis zum Ende ihres Lebens literarisch beschäftigt: Wie ist aus dem jungen Mädchen mit dem runden Gesicht, das voller Zuversicht in die Welt schaut, ein »hageres, ernstes altes Geschöpf« geworden, »das tapfer aus seiner Welt von Enttäuschung und Misserfolg blickt?«

Die Mutter, Emily Maude McVeagh, ist die Erstgeborene von zwei Kindern, eine überaus begabte Schülerin und ein rebellisches Mädchen, das sich gegen den Willen des Vaters durchsetzt und statt des von ihm gewünschten Studiums eine Ausbildung als Krankenschwester absolviert. Ein Mädchen, ohne Liebe und mit viel Härte aufgewachsen, wählt einen helfenden Beruf, aus dem Bedürfnis, sich um andere zu kümmern und dafür geliebt zu werden. Die junge Emily ist eine Frau, die alle durch ihre Tatkraft, ihre Kompetenz, ihre Unabhängigkeit und ihren Humor beeindruckt. Gute Voraussetzungen für beruflichen Erfolg. Bald schon ist sie im renommiertesten Krankenhaus Londons »die traditionell strenge Oberin mit dem Herzen aus Gold«. Sie genießt aber auch das großstädtische Leben mit seinen Theatern, Restaurants und Tanzlokalen – in diesem Abschnitt ihres Lebens ist sie glücklich. Dann aber heiratet sie aus Mitleid und Verzweiflung, weil ihre große Liebe im Krieg gefallen war, ihren ehemaligen Patienten Alfred Tayler. Sie bekommt eine Tochter und findet sich schließlich auf einer Farm im afrikanischen Buschland wieder. Die Großstädterin hat sich bereit erklärt, ihrem Ehemann den Lebenstraum einer Farm in Afrika zu erfüllen und mit ihm aus England fortzugehen, auch wenn sie über ihr künftiges Leben nichts weiß, weder über die neue Heimat Rhodesien noch über die Art und Weise, wie man eine Farm bewirtschaftet. Doch Emily Tayler ist einfallsreich und hat einen großartigen Sinn fürs Praktische. Das reicht zum Überleben.

»Sie mochte mich nicht – das war es nun mal.«

Doris Lessing,
Nobelpreisträgerin, 2007

Erwartet hatte sie freilich etwas ganz anderes. In ihrem Gepäck waren Koffer mit eleganten Abendkleidern, gekauft für ein anregendes Gesellschaftsleben, in Seidenpapier gefaltet und mit Mottenkugeln geschützt. Der Traum vom Reichtum erfüllt sich nie. Tief enttäuscht vom einsamen Leben einer Farmerin leidet sie, meist stillschweigend. Erst als sie realisiert, dass ihre Hoffnungen nie eintreffen werden, bekommt sie starke Angstzustände. Sie bricht zusammen und verlässt ein Jahr lang nicht mehr das Bett. Danach nimmt sie »ausdrücklich ihr Schicksal an, das darin bestand, eine Mutter zu sein«. Nie aber hört sie auf, davon zu träumen, die Farm zu verlassen und in London zu leben. Doch Emily Tayler hält es für ihre Pflicht, sich für ihre Kinder und für ihren Mann aufzuopfern: »Sie war immer an seiner Seite, egal, wie verkehrt sie sein Verhalten fand.« Sie führte ein schreckliches Leben, urteilt ihre Tochter später – schlimmer noch, die Tochter Doris ist selbst Teil dieses schrecklichen Lebens.

Als Emily Tayler zum ersten Mal schwanger wird, ist sie überzeugt, ihr Kind werde ein Sohn, der Name Peter John steht längst fest. »Warum erwog sie nicht wenigstens die Möglichkeit einer Tochter?«, fragt Doris Lessing verzweifelt und beginnt mit ihrer Anklage: »Wie konnte sie dastehen mit ihrem üblichen festen kleinen Lächeln und ihrer munteren Geselligkeit und mir erzählen, dass ich zuerst nicht erwünscht war; dass ein Mädchen zu kriegen eine schlimme Enttäuschung nach jenen langen Wehen bedeutete, dass es sie beinah umgebracht hätte; dass sie keine Milch für mich hatte … und (ich) im ersten Jahr halbverhungert war und immerzu schrie … dass ich ein unmöglich

Doris Lessing, um 1954

schwieriges Baby war und dann ein aufreibendes Kind ... Und darum überließ sie mich dem Geschick der Kinderfrau und kümmerte sich selbst um Harry« – den jüngeren Bruder. Künftig tut die kleine Tochter alles, um die Aufmerksamkeit der Mutter zu erringen. Mit sechs Jahren läuft sie das erste Mal von zu Hause fort. Ein Hilfeschrei, den ihre Mutter nicht hören will, mehr noch: »Meine Flucht und die wütende Kritik, die darin lag, verharmloste sie, indem sie darüber lachte.« Offenbar kann oder will die Mutter die Bedürfnisse ihrer widerspenstigen Tochter nicht sehen, will nicht wahrnehmen, dass Doris um ihre Liebe buhlt. Irgendwann schlagen die Gefühle der Tochter um. »Besser es einmal aussprechen und dann genug davon: Meine Erinnerungen an sie bestehen aus lauter Feindseligkeit, Kampf und dem Gefühl, ausgeschlossen zu sein; aus Schmerz darüber, dass ... Harry so sehr geliebt wurde und ich nicht.« Ihre Mutter, schreibt Doris Lessing, sah das ganz anders: »Sie wollte nichts davon wahrhaben. Wie sie es sah: Ihre eigene Kindheit war kalt und ohne Liebe gewesen, sie achtete stets darauf, dass ihre Kinder mit Liebe aufgezogen wurden.«

Tatsächlich wiederholt sich in der Beziehung zwischen Tochter und Mutter sowie Tochter und Bruder die gleiche Kälte, unter der Emily Tayler selbst als Mädchen so sehr gelitten hatte. Im Vergleich zu ihrem Bruder John war Emily »die Kluge ... einfallsreich und schlagfertig«, und sie war enttäuscht, dass ihr Bruder bekam, was eigentlich auch ihr zugestanden hätte. Das möchte sie als Mutter nun korrigieren und konzentriert ihre gesamte Energie auf ihre Tochter, damit diese »für sie das Leben führen würde, das man ihr vorenthalten hatte«. Für die Tochter akzeptiert sie ein Leben, das sie nie gewollt hatte.

Im Gegensatz zur Mutter, die sich am falschen Ort fühlt, sind für Doris Lessing die Farm, das Buschland, Afrika »ganz einfach das größte Glück, das mir je widerfahren ist«. »Ich verstehe sie nicht«, schreibt die Tochter, »und schlimmer noch, sie liebt mich nicht ... Nicht ihre Schuld: Ich kann mir niemand Ungeeigneteres als mich vorstellen, um ihr zu gefallen.« Mutter und Tochter lieben aneinander vorbei und leiden stark darunter, wie Doris Lessing eindringlich in ihren Erinnerungen an die Mutter festhält: »›Warum hasst Du mich so sehr?‹, weinte sie, während ich mich bei meinem Vater beklagte: ›Warum hasst sie mich? Sie hat mich immer gehasst.‹« Die Suche nach Liebe und Geborgenheit und die schwierige Beziehung zwischen Mutter und Kind sind zentrale Themen im literarischen Werk von Doris Lessing, die darin über die eigenen Entwicklungsprozesse reflektiert und politisch interessierte und ungebundene Frauen in den Mittelpunkt stellt. Wie aber hat Doris Lessing die Literatur entdeckt? Wie kommt sie zum Schreiben?

Als Emily Tayler nach ihrem Zusammenbruch monatelang im Bett liegt, ruft sie den ganzen Tag hindurch ihre Kinder zu sich, um sich trösten zu lassen. Und sie liest vor, erzählt Geschichten. Doris entdeckt dabei, dass ihre Mutter »eine wunderbare Lehrerin« ist: »… sie lehrte uns rechnen mit Saatkörnern … sie lehrte uns das Sonnensystem durch Spiele … sie zeigte uns, wie man Sterne, Vögel und … Tiere beobachtet«. Aus England bestellt Emily Tayler Bücher für ihre Kinder – klug ausgewählte Klassiker. Die Bücher, das Lesen sind für Doris Lessing die Rettung: »Es war meine Mutter, die mich in die Welt der Literatur einführte, in der ich Zuflucht finden sollte vor ihr.« Eine paradoxe Situation.

Ehrgeizig und voller Sorge um die Zukunft ihrer Tochter versucht Emily Tayler ihr eine adäquate Ausbildung zu ermöglichen und verzweifelt darüber, dass ihre Tochter alles verweigert. Ob ihr bewusst ist, welches Drama sich wiederholt? Sie hatte sich selbst dem Studium widersetzt, das ihr Vater für sie vorgesehen hatte, und ertragen, dass dieser daraufhin kein Wort mehr mit ihr sprach. Nun sagt ihre eigene Tochter: »Nein.« Jeden Plan der Mutter durchkreuzt die 14-Jährige, jedes Lob weist sie zurück, weil sie merkt, dass es eigentlich nicht um sie geht: »Meine Musikstunden mussten in Konzertaufführungen enden, da sie selbst Konzertpianistin hätte werden können … Ich schrieb auch kleine Stücke. Aber ich versteckte die Versuche vor ihr, weil ich das Gefühl hatte, sie stammten nicht von mir, sondern von ihr, denn sie ergriff Besitz von ihnen, indem sie mit aller Welt darüber redete.« Der Stolz der Mutter trifft auf den Trotz der Tochter, die sich vereinnahmt und unverstanden fühlt. In ihrer Not ist Doris unberechenbar, gleicht den eigenen Aufzeichnungen zufolge »einer Mauer mürrisch-wütender Zurückweisung«, um im nächsten Augenblick »in Heftigkeit und Spott auszubrechen«. Mutter und Tochter leben im Kriegszustand, und Doris Lessing weiß, dass sie so nicht weiterleben kann: »Ich musste mich befreien.« Und sie macht mutig den ersten Schritt. Mit 16 Jahren verlässt sie die Farm und arbeitet als Telefonistin in Salisbury, was ihre Mutter als »endgültige Niederlage« empfindet. Um ihrer Mutter ganz zu entkommen, heiratet sie Frank Wisdom. Es ist eine überstürzte, bewusst stillose Hochzeit, die ihre Mutter »tief unglücklich« macht.

»Was konnte uns davor retten, genauso wie unsere Mütter zu werden?«

»Ich wusste, dass ich mich rettete, indem ich vor ihr floh«, schreibt Doris Lessing, »aber ich hatte keine Ahnung, wie mächtig das Bedürfnis ist, das Leben eines Kindes an sich zu reißen und es zu leben.« Emily Tayler lässt ihre Tochter nicht los, im Gegenteil: »Ich war immer auf der Flucht vor ihr, und sie verfolgte mich«, erinnert sich die Tochter. Mehr noch, die Mutter mischt sich in ihr Leben ein und überschreitet dabei alle Grenzen. Zuerst sucht sie den Arbeitgeber ihrer Tochter auf und erklärt ihm, dass ihre Tochter Kommunistin ist. Es kostet Doris Lessing fast ihre Stelle. Mit der Absicht, zu helfen, greift sie in den Haushalt der Tochter ein, stellt Möbelstücke um, wirft Kleider weg, die ihr missfallen, gibt dem Personal Anweisungen. Doris Lessing fühlt sich, als sei sie in einem Spinnennetz gefangen. Ein Gefühl, das sie mit vielen ihrer Freundinnen teilt. Die jungen Frauen aus ihrem politisch linksgerichteten Kreis haben sich alle von ihren Müttern losgesagt. Sie sehen zwar, dass Mütter Liebe, Unterstützung und Wertschätzung verdienen, doch müssen sie auch »jede Minute bekriegt werden«, da sie ihre Töchter ansonsten »verschlingen«. »Wir mussten sie bekämpfen«, schreibt Doris Lessing im Rückblick. Sie und die jungen Frauen in ihrem Umfeld wollen anders leben und fragen sich: »Was konnte uns davor retten, genauso wie unsere Mütter zu werden?«

Doris Lessing hatte gesehen, wie sich ihre Mutter in der Ehe von einer »starken, klugen und tüchtigen Frau in eine kränkelnde, neurotische und unglückliche Person« verwandelt hatte. Sie will sich nicht opfern, sie will ihr eigenes Leben führen. Sie reicht die Scheidung ein, weil sie die Enge ihres Lebens nicht mehr erträgt. Ihre beiden kleinen Kinder lässt sie bei Frank Wisdom zurück. Kurz darauf heiratet sie erneut: Gottfried Lessing, bekommt ein drittes Kind und lässt sich wieder scheiden. Die Mutter ist empört: »Wir sind nicht in die Welt gesetzt, zu tun und zu lassen, was uns gerade gefällt!« Auf der Flucht vor der Mutter und deren Lebensentwurf findet sie nur Sackgassen. 1950 schließlich zieht Doris Lessing mit ihrem kleinen Sohn nach England, im Gepäck hat sie ein Manuskript, das wenig später unter dem Titel *Afrikanische Tragödie* als Buch erscheint, ein flammendes Plädoyer gegen die Apartheid. Ein erster großer Erfolg. Ihrer Mutter aber entkommt sie nicht: »Ihr Zorn und ihr Elend erreichten mich, wo immer ich mich aufhielt, in endlosen Briefen.«

Doris Lessing beschreibt das Leben ihrer Mutter 1986 zum ersten Mal, da ist sie 67 Jahre alt. »Man muss erwachsen sein, wirklich erwachsen, nicht nur an Jahren, um seine Eltern zu verstehen.« Jetzt gelingt es ihr, die Mutter zu begreifen: »… heute verstehe ich sie sehr gut, ich muss für sie unerträglich gewesen sein. … Ich bin entsetzt über die Art und Weise, wie ich sie behandelt habe – allerdings hätte ich nicht anders gekonnt.«

Jahrzehnte hat sie über ihre Mutter und sich selbst nachgedacht und kommt zu diesem Schluss: »Sie hat mich als Kind durch den Zorn und das Mitleid, die ich empfand, gelähmt. Jetzt bleibt nur noch das Mitleid. ... Was für ein furchtbares Leben hatte sie, meine arme Mutter!« Das Schicksal ihrer Mutter lässt sie nicht los. Zwanzig Jahre später, mit 88 Jahren, veröffentlicht Doris Lessing *Alfred & Emily*. Hier erzählt sie das Leben ihrer Mutter zweimal: einmal als Novelle, in der sie ein glückliches Leben führt, einmal als Biografie.

  »Es ging mir nicht darum, liebevoll zu sein, sondern meiner Mutter gerecht zu werden«, sagt die zu dem Zeitpunkt längst weltberühmte Autorin. »Entscheidend ist, dass ich mir für sie ein Leben ausgedacht habe, in dem ihre wahren Qualitäten zum Einsatz kommen. Das ist das Entscheidende, nicht die Tatsache, dass wir nicht miteinander auskamen.« Doris Lessing hat ihrer Mutter vergeben. Kein Hass mehr, sondern Verständnis motiviert sie jetzt zum Schreiben: »Ich habe Jahre gebraucht, um zu verstehen, dass ich meine Mutter ... nicht so gekannt hatte, wie sie wirklich war.« Emily McVeagh war neben vielem anderen »eine Pädagogin, die Geschichten erzählte und mir Bücher gab. Und so möchte ich sie in Erinnerung behalten.« Und so entwirft sie das Leben ihrer Mutter. In der fiktiven Biografie heiratet diese ihre große Liebe, den Arzt William Martin-White. Nach dem frühen Tod ihres Mannes beginnt sie als wohlhabende Witwe ein neues Leben, gründet eine Stiftung und übernimmt eine wichtige gesellschaftliche Aufgabe: Sie richtet landesweit Reformschulen ein. Emily Martin-White wird eine bekannte und geachtete Frau. Eine Tochter kommt in ihrem glücklichen Leben nicht vor.

Doris Lessing, 1958

Karen Horney

1885–1952, Ärztin, Psychoanalytikerin

Brigitte Horney

1911–1988, Schauspielerin

Karen Horney, Anfang der 1930er Jahre

Brigitte Horney,
um 1940

»Sie ist immer in mir und um mich herum. Wie ein Schutz«

Am 1. April 1911 erscheint im Standesamt Berlin-Dahlem der General-sekretär Doktor Oskar Horney, um anzumelden, »dass von der Karen … seiner Ehefrau … am neunundzwanzigsten März des Jahres … ein Mädchen geboren worden sei und dass das Kind einen Vornamen noch nicht erhalten habe«. Erst am 29. Mai wird festgelegt: Das Mädchen heißt Sonni Brigitte, nach der Großmutter. Karen Horney liebt und bewundert ihre schöne und gebildete Mutter Sonni über alles – und will doch nicht so werden wie sie. Beide leiden unter dem strengen und herrischen Ehemann Sonnis, Wackels Danielsen, gegen den seine Frau offen aufbegehrt. Vor allem stören die beiden seine strengen religiösen Anschauungen: Karen nennt ihn den »Bibelschmeißer«. Schon früh ist ihr klar, dass sie selbstständig und unabhängig von einem Mann sein will. Sie möchte Medizin studieren. Ein kühner Plan, denn es gibt kaum Gymnasien für Mädchen, und ohne Abitur kann sie nicht studieren. Zudem wird ihr Vater das nie erlauben. So schmiedet sie mit der Mutter einen Plan. In ihrem Tagebuch schreibt sie: »Mutter und ich (gaben) ihm ein Dokument, das wir in Versform geschrieben haben … in dem wir versprechen, dass er, wenn ich erst einmal den Schulabschluss habe, nichts mehr für mich tun muss.« Der Plan geht auf: »Es ist wirklich wahr, ich werde aufs Gymnasium gehen«, notiert sie glücklich. Ihr Abitur besteht sie 1906 und schreibt sich in Freiburg als eine der ersten Medizinstudentinnen ein. 1911 besteht sie ihr Examen, nach der kürzestmöglichen Zeit. 1914 reicht sie ihre Doktorarbeit ein, 1919 wird sie Fachärztin und eröffnet ihre Praxis in Berlin. Zu diesem Zeitpunkt ist sie bereits mit Oskar Horney verheiratet, den sie liebevoll das »Hornvieh« nennt und der als Generalmanager bei Stinnes Karriere macht. Sie ist Mutter von drei Töchtern: Brigitte, Marianne und Renate. Dies ist ein extremer, für ihre Zeit vollkommen ungewöhnlicher Lebensentwurf. »Jede Frau, die eine eigene Karriere wagt, ist Konflikten ausgesetzt, wenn sie nicht gewillt ist, dieses Wagnis auf Kosten ihrer Weiblichkeit einzugehen«, schreibt sie 1934 rückblickend. Nur Ehefrau und Mutter wollte sie nie sein. Der erste Konflikt bricht aus, als sie mit Brigitte schwanger ist. Sie hat Angst, so zu werden wie ihre Mutter, abhängig, unglücklich, mit dem Lebensinhalt »Tochter«. Doch sie hat kein Vorbild für das, was sie will. Als kurz vor der Geburt ihre Mutter stirbt, fühlt sie sich verlassen, und als das Baby da ist, stürzt sie in eine Depression. Mit enormer Kraft und Willensstärke, mutig und konsequent hält sie trotzdem daran fest, Ehefrau und Mutter, Ärztin und Psychoanalytikerin zu sein. Sie beginnt eine Psychoanalyse bei

»Jede Frau, die eine eigene Karriere wagt, ist Konflikten ausgesetzt, wenn sie nicht gewillt ist, dieses Wagnis auf Kosten ihrer Weiblichkeit einzugehen.«

Karen Horney mit ihrer Tochter Brigitte, 1911

Karl Abraham und setzt für ihr Examen einen Prüfungsplan durch, der ihr ermöglicht, zwischen den Prüfungen ihr Baby zu versorgen. In dieser Lebensphase beginnt sie ihre Theorie über die »Psychologie der Frau« zu entwickeln, die aus Selbstbeobachtung, Selbstbefragung und psychoanalytischer Selbstanalyse entsteht und in die ihr Leben und Erleben und das ihrer Patientinnen einfließen.

Und ihre Töchter? Wie erleben sie ihre Mutter? Brigitte Horney schreibt in ihrer Autobiografie: »›Mochen‹ – meine geliebte Mutti – sie hat Medizin studiert und ihr Staatsexamen mit ›gut‹, nur neun Monate nach meiner Geburt, bestanden ... sie arbeitete auf dem Gebiet der ... Psychoanalyse, und das Leben mit ihr war keineswegs langweilig! Gelegentlich nahm sie Patienten, die sie für harmlos hielt, mit ins Haus, um sie dort kochen, waschen oder im Garten arbeiten zu lassen. Eine dieser Patientinnen hieß Emma. ... Eines Morgens beim Frühstücken fragte mein Vater: ›Wer ist denn der nette junge Mann, den ich heute im Bad beim Rasieren überrascht habe?‹ ›Das ist doch die Emma‹, sagte Mutti ruhig. Es stellte sich also heraus, dass unsere geliebte Emma ein Mann war, der leidenschaftlich gerne Frauenkleider trug.« Was hier so fröhlich und unbeschwert klingt, stellt sich im Alltag anders dar. Karen Horney ist von ihrem Beruf in Anspruch genommen, sie hat ihre Privatpraxis, behandelt Patienten zu Hause, hält Vorlesungen, bildet Studenten am gerade gegründeten Psychoanalytischen Institut aus, schreibt wissenschaftliche Arbeiten und hält Vorträge auf Kongressen. Ein Tag in der Woche gehört ihren Töchtern: Dann backen sie Kuchen und kochen Schokolade. Außerdem gibt es acht Wochen Sommerferien mit gemeinsamen Wanderungen in Österreich oder der Schweiz. »Das waren glückliche Zeiten!«, erinnert sich Brigitte – für alle. Glückliche Zeiten sind es auch, wenn sie die Großeltern Horney besuchen: »Großmutti ... war nur für uns da. Ich wusste gar nicht, dass so viel Liebe und Zärtlichkeit in einem Menschen stecken konnten.« Hier stehen die Kinder im Mittelpunkt, anders als zu Hause. Karen Horneys Erziehungsstil orientiert sich an Ellen Key und ist damit hochmodern. Ihre Kinder sollen sich frei entfalten, Wärme und Zuneigung erfahren, aber emotional nicht abhängig sein, und sie sollen selbstständig werden. Die Mutter »mischte sich nie ein, hielt keine Strafpredigten, gab selten Ratschläge«. Für Brigitte ist dies zu früh. Als die Mutter diese »gute psychoanalytische Erziehung« mit einer prophylaktischen Psychoanalyse bei der Kollegin Melanie Klein ergänzen will, weigert sich die 14-Jährige strikt. Später hält Karen Horney diese Idee selbst für einen Fehler.

Zeit für sich selbst oder für eigene Wünsche hat Karen Horney nie: »... da ich außer auf meine analytische Arbeit auch noch auf meine 3 Mädels, einen Mann und einen nicht ganz kleinen Haushalt meine Libido verteilen muss, bleibt manches an ganz

»Auf zwei Dinge ist kein Verlass:
auf Geld und auf Männer.«

persönlichen Wünschen lagern«, klagt sie ihrem Kollegen Georg Groddeck. Die Belastung für sie und die Familie wächst, als 1926 ihre Ehe zerbricht. Die 15-jährige Brigitte erinnert sich mit Bitterkeit: »Und dann trennte sie sich von Papa … es war auch plötzlich kein Geld da, und da war ja nur ihre Arbeit wichtig. … sie ist müde und arbeitet wie verrückt. … Und ich habe eingekauft und den Haushalt geleitet.«

Auf dem Internationalen Psychoanalyse-Kongress in Berlin kommt es 1922 zu einem Aufruhr – ausgelöst von Karen Horney. In ihrem Vortrag kritisiert sie Freuds Weiblichkeitstheorien, und zwar grundlegend. Sie setzt seine psychoanalytischen Methoden ein, um zu erklären, dass Frauen nicht minderwertig sind – wie Freud meint. Eine Frau widerspricht Freud und der psychoanalytischen Männerriege, und sie spricht aus einer Machtposition heraus: Karen Horney ist zu dem Zeitpunkt Lehranalytikerin am Psychoanalytischen Institut in Berlin. Ihre Worte und ihr Vorgehen hat sie sich genau überlegt: »Ich hatte ursprünglich viel aggressiver geschrieben, aber … da die Arbeit in die Festschrift Freuds kommen soll, so habe ich … meine Steine etwas in Watte gewickelt.« Es nützt nichts, durch ihr Reden und Handeln stellt sie Freuds Theorie auf den Kopf – eine größere Provokation ist kaum denkbar. Die Antwort Freuds kommt prompt, aber nicht direkt. Seine Tochter Anna hält seinen Vortrag, und die berühmte »Freud-Jones-Debatte« ist eröffnet – eine falsche Bezeichnung, denn als Hauptkontrahenten stehen sich Freud und Horney gegenüber.

Karen Horney opponiert gegen die Freud'schen Weiblichkeitskonzeptionen von Penisneid bis zu weiblichem Masochismus, die ihr zufolge keine objektiven, wissenschaftlichen Aussagen, sondern subjektive Fantasien sind, in denen sich die »Wünsche und Enttäuschungen des Mannes« widerspiegeln. Kurz: Die psychoanalytische Weiblichkeitstheorie ist eine Männerfantasie. Woher nimmt sie den Mut, dem Übervater Freud offen zu widersprechen? Für sie ist es »die gegebene Aufgabe für eine Frau in der Psychologie … auf ein umfassenderes Verständnis der spezifisch weiblichen Tendenzen und Haltungen im Leben hinzuarbeiten«. Und die Opposition gegen einen strengen und rigorosen Vater ist eine ihrer frühen Erfahrungen ebenso wie das Unverständnis, das ihr Analytiker Karl Abraham ihr entgegenbrachte.

Karen Horney ist eine der bedeutendsten psychoanalytischen Denkerinnen und doch unterschätzt, denn viele orthodoxe Analytiker sahen in ihr »eine anmaßende Person, die ihren gemeinsamen Helden Freud attackiert hatte«. Ihre verständlich geschriebene

Theorie »steckt nicht voller seltsamer und abstruser Begriffe, wie die Schriften Freuds …
und hat auch nicht die Aura des Geheimwissens, das nur der Meister besitzt«, schreibt
ihr Biograf Rubins. Karen Horney gelingt es, »die für sie vorgeschriebene Rolle in einem
patriarchalischen Bühnenstück auf ihre Weise umzuschreiben«, resümiert die Psychoanalytikerin Christa Rhode-Dachsner. Ihre Forschungen haben – bis heute – eine wichtige
politische Dimension. Ihre Aussage: »Alles, was wir heute mit Sicherheit über die Unter-
schiede zwischen den Geschlechtern sagen können, ist, dass wir nicht wissen, worin sie
bestehen«, hat die Frauenbewegung aufgegriffen. Bis heute besteht die »Karen Horney
Clinic« und ein Forschungsinstitut. Ihr Stolz aber sind ihre Töchter, allen voran Brigitte.

Karen Horney Ende
der 1940er Jahre

   »Auf zwei Dinge ist kein Verlass: auf Geld und auf
Männer!«, diese Erfahrung gibt Karen Horney an ihre
Tochter Brigitte weiter. Sie soll einen Beruf lernen, der ihr
Spaß macht, durch den sie selbstständig wird. Die lebhafte
und temperamentvolle Brigitte weiß längst, was sie will:
Schauspielerin werden! »Als ich das Mutti … beibrachte,
war sie entsetzt.« Doch sie setzt sich durch und beginnt
als 16-Jährige eine Schauspielausbildung. 1930 hat sie ihr
erstes Engagement am Theater, gewinnt den begehrten
Max-Reinhardt-Preis und bekommt ein Filmangebot von
der UFA: »Ich war … über Nacht … eine Schauspielerin
bei Reinhardt und im Film ein Star. … Ich war 19 Jahre alt
und hatte das Gefühl, auf dem Gipfel der Welt zu stehen.
Es war unwirklich, berauschend schön.«

   Die Mutter ist stolz und zeigt sich gern mit ihrer
berühmten Tochter. Die Wirkung kennt sie genau: »Das
Mädchen war eine solche Schönheit … Es war ein unver-
gesslicher Eindruck, beide Frauen zusammen zu sehen«,
erinnert sich der Psychoanalytiker Grotjahn. In Wirklichkeit fühlt sich die junge Schauspielerin durch den frühen
Ruhm überfordert: »Mutti konnte ich vieles nicht fragen,
was mit täglichem Leben zu tun hatte – sie hatte so
viel Arbeit, und dann, wenn sie damit durch war, war sie
einfach müde.«

   Für Brigitte Horney wird der Beruf zur Erfüllung. Sie tritt am Deutschen Theater
und an der Volksbühne in Berlin auf, spielt mit berühmten Schauspielern wie Käthe
Dorsch und Gustav Fröhlich und arbeitet unter berühmten Regisseuren wie Heinz Hilpert
und Carl Zuckmayer. »Ich (habe) voll und ganz – mit Herz und Seele – den Sinn des
Theaterspielens begriffen, wie man arbeiten soll. … Es war … ein neues Leben.« Ihre
Mutter bewundert das unabhängige Leben der Tochter.

»Ach meine Mumm – ich habe Dich schrecklich lieb.«

1932 nimmt Karen Horney das Angebot an, in Chicago ein psychoanalytisches Institut aufzubauen. Früher als andere hat sie erkannt, welche Bedrohung der Nationalsozialismus für die Psychoanalyse bedeutet. Der Abschied fiel Brigitte unendlich schwer: »Mutti hätte mich damals nicht verlassen sollen. ... Ich war ja so verrückt allein in Berlin.« Sie sucht sich bald eine Ersatzfamilie, aber in ihren Briefen schreibt sie sehnsuchtsvoll: »Ach meine Mumm – ich habe Dich schrecklich lieb.«

Beruflich ist sie ungeheuer erfolgreich, obwohl ihr, wie sie meint, jeglicher Karrieresinn fehlt. 1934 ist Brigitte Horney ein UFA-Star. Ihre dunkle, geheimnisvolle Stimme und ihre erotische Ausstrahlung machte sie »so einzigartig ... wie Marlene Dietrich«, jubeln die Kritiker. In drei Jahren spielt sie in sieben Filmen, die alle große Erfolge sind. Manchmal klagt sie über das enorme Arbeitspensum: »Wenn ich nicht so herumtoben müsste, um alles zu schaffen«, doch dieses Leben gefällt ihr sehr. »Sie wollte sich durch viele verschiedene Rollen selbst befreien«, meint ihre Freundin und Biografin Gerd Heyerdahl. Das hört sich psychoanalytisch und ganz nach ihrer Mutter an. Die schreibt ihrer Tochter begeistert aus Chicago: »Ich (habe) Dich jetzt drei Mal im Film gesehen. ... Da ist eine Tiefe und Innerlichkeit, die mich tief gerührt hat. ... Du bist ja eine ganz tolle Person!! Ich bin grauslich stolz auf Dich.«

Brigitte Horney gelingt der internationale Durchbruch, und sie geht für einige Jahre nach England, kehrt aber 1937 nach Deutschland zurück: »Schließlich war ja Deutschland meine Heimat!«, sagt sie trotzig. Solange sie mit dem nationalsozialistischen Regime kooperiert und die Stoffe von Goebbels' Filmen akzeptiert, kann sie hier unbehelligt leben. Das ändert sich schlagartig mit der Gottschalk-Affäre. Joachim Gottschalk ist einer der populärsten männlichen Stars des deutschen Films. Brigitte Horney hat in mehreren Filmen mit ihm gespielt. Die beiden Schauspieler sind gut miteinander befreundet, Brigitte bewundert und

Brigitte Horney und Joachim Gottschalk in *Aufruhr in Damaskus*, 1939

schätzt ihn sehr. Gottschalk ist mit der Jüdin Meta Wolff verheiratet, was zunächst wegen seiner Popularität geduldet wird. Doch 1942 verlangt Goebbels die Scheidung. Joachim Gottschalk darf und soll bleiben, seine Frau und sein Sohn aber müssen das Land verlassen, das heißt Deportation und Tod. Gottschalk weigert sich. Die Freunde, auch Brigitte Horney und Gustav Knuth, raten ihm, sofort in die Schweiz zu flüchten. Gottschalk zögert; Brigitte Horney fliegt noch in die Schweiz und versucht, am Zürcher Theater für ihn ein Engagement zu sichern – doch es ist zu spät. Als die Gestapo kommt, begeht die Familie Selbstmord. Brigitte Horney ist eine der sechs Personen, die trotz Verbot beim Begräbnis erscheinen. Eine mutige und gewagte Handlung, die gefährlich ist, denn um die Trauernden steht die Gestapo und fotografiert.

Brigitte Horney in *Das Erbe der Guldenburgs*, um 1988

»Aushalten, arbeiten, helfen wo man konnte, so war unser Programm«, sagt sie im Rückblick, »ich wäre wahnsinnig geworden, wenn ich in dieser schrecklichen Zeit nicht gearbeitet hätte.« Doch der Tod der Gottschalks hinterlässt tiefe Spuren. 1942 bricht ihre Tuberkulose, an der sie schon als Kind gelitten hatte, erneut aus. Sie verlässt Deutschland und geht in ein Sanatorium in der Schweiz.

Erst 1948 kann sie ihre Mutter endlich wiedersehen. Die lange Trennung und die große Ungewissheit der Mutter, ob ihre Tochter den Krieg überlebt hat, haben die enge Verbindung weiter vertieft. Die Briefe, die sie wechseln, sind voller Zärtlichkeit, reine Liebesbriefe: »Süßes Alpaka, ich wollte, Du wärst hier. Ich habe solche Sehnsucht«, und: »Mein geliebter Biggeschatz, ach mein Liebstes, wie sehr ich mich nach Dir sehne! … Liebst Du mich?« Schreibt hier eine Mutter ihrer Tochter oder eine Liebhaberin ihrer Geliebten? Brigitte Horney sagt: »Wir waren (befreundet), Mochen und ich. Dazu kam noch die große Liebe. Außerdem platzte ich vor Stolz auf sie.«

1951 verleben beide ein gemeinsames Jahr in den USA und erfüllen sich damit einen Traum. Karen Horney stirbt ein Jahr später. Ganz verloren hat die Tochter ihre Mutter nie: »Sie ist immer in mir und um mich herum. Wie ein Schutz.«

Mathilde Baum

1866–1908

Vicki Baum

1888–1960, Musikerin,
Schriftstellerin

Mathilde Baum

Vicki Baum

Die »Sehnsucht, alle Möglichkeiten eines Frauenlebens auszuleben«

»Sei still, deine Mama ist nervös«, wies mich mein Vater zurecht. Es war mein vierter Geburtstag«, erinnert sich Vicki Baum. Mit der Ermahnung, Mama »nicht verrückt zu machen«, beladen mit der Verantwortung für Mamas Nerven beginnt die Kindheit unglücklich zu werden. Im selben Jahr stirbt ihr geliebter Großvater. Er war die einzige Person, die ihr das Gefühl gab, geliebt zu werden, und gleichzeitig ihr »engster Freund und Spielgefährte«, der ihr »niemals einen Tag älter vorgekommen war« als sie selbst, notiert sie in ihren Erinnerungen. Sie ist jetzt tatsächlich ganz auf sich allein gestellt. Denn auch ihr Vater verlässt sie – er zieht zurück zu seiner Mutter, nicht ohne seine kleine Tochter zu ermahnen: »Hör' zu Vicki, ich kann hier nicht bleiben oder ich verliere auch den Verstand. … Du bist jetzt ein großes Mädchen … bist artig und passt auf deine Mutter auf, verstanden?« Das kleine Mädchen ist vollkommen überfordert und verzweifelt.

Sie wird von allen Seiten eingeschüchtert. Vater, Verwandtschaft, Pflegerinnen: Alle machen sie für die Anfälle der Mutter verantwortlich. Täglich sieht sie die Mutter leiden, kann ihr aber nicht helfen. »Was sollte ich machen, wenn die arme Mama mit einem nassen Handtuch geschlagen wurde, schreiend ins Schlafzimmer gestoßen oder getragen, gewaltsam ausgekleidet und zu Bett gebracht?« Sie versucht vergeblich, den Auftrag ihres Vaters zu erfüllen: »Doch all' mein gutes Betragen nützte nichts; Mama ging es … immer nur schlechter … Weinkrämpfe, Wutanfälle, konvulsivische Zuckungen und Schreie … immer wieder Versuche aus dem Fenster zu springen: … sie zog sich lachend und kichernd auf das Fensterbrett, und ich, mit Mamas Überwachung betraut, hing mit meinem ganzen Gewicht an ihren bloßen Füßen und flehte sie an, sie solle herunterkommen, sich zu mir setzen, ich hätte ihr etwas Lustiges zu erzählen.«

Ärzte kommen und gehen. Berühmte Psychiater wie Krafft-Ebing, Dr. Breuer und Freud kümmern sich um die kranke Mutter. Vicki empfindet ihr Zu Hause als unerträgliche Hölle. Am schlimmsten ist für sie, dass die Mutter unerreichbar bleibt für die Liebe ihrer Tochter. Immer wieder versucht sie verzweifelt, mit Geschenken ihre Aufmerksamkeit und Zuneigung zu erlangen. Doch: »Mama sitzt auf dem blauen Sofa, in sich selbst zurückgezogen … Du sprichst mit ihr, aber sie hört dich nicht … Ihre Augen, größer und intensiver blau als je zuvor, sind geöffnet, doch sie können dich nicht sehen: Du

»Hör' zu Vicki, ich kann hier nicht bleiben oder ich verliere auch den Verstand. … Du bist jetzt ein großes Mädchen … bist artig und passt auf deine Mutter auf, verstanden?«

versuchst, ihre Wange zu streicheln, und sie weigert sich, es zu spüren. … unaufhörlich drehen ihre Finger an den kristallenen Perlen der langen Kette … Ich packe diese Hand und drücke sie, ich schüttle Mamas Arm, um sie aufzuwecken, … ich möchte sie bewahren … davor, sich umzubringen. … Ich bin verzweifelt, zornig, wütend. In mir ist ein überwältigendes Heimweh nach dieser meiner Mutter, die ich verloren habe … eine unerträgliche Sehnsucht spüre ich in mir nach etwas, von dem ich nicht weiß, wie man es nennt: Geherzt und gehätschelt möchte ich werden, meinen Kopf gestreichelt haben, in Mamas Schoß einschlafen; nur noch einmal huckepack in mein Gitterbett getragen und zur Nacht geküsst werden … ich bin noch keine sieben … ich betete darum, krank zu werden, vielleicht würde Mama sich erholen, wenn ich krank wäre.«

Mit siebzig Jahren blickt Vicki Baum auf die Folgen dieser traumatischen Kindheit zurück: »Eine kleine alte Frau von fünf Jahren war ich, gesetzt, ernst und mit mehr Sorgen und Tugenden ausgestattet als jetzt. … Ich befand mich jenseits aller Tränen. Noch bevor ich sieben war … (hatte) ich die Fähigkeit zu weinen ganz verloren. Ich gewann sie nicht mehr zurück.«

»Mama sitzt auf dem blauen Sofa, in sich selbst zurückgezogen.«

Ihr Halt in diesen Jahren ist die große Katl, das Hausmädchen, und ihre Zuflucht ist die Küche, ebenso wie die wärmende Fürsorge von Katls Liebhaber August. Der ist ein großer und schöner kaiserlicher Wachsoldat, dem es wie Katl gelingt, das kleine Mädchen zu trösten. Auch die Schule ist für sie »ein ruhiger Hafen in sicherer Entfernung von dem häuslichen Tumult«. Vor allem aber geben ihr die langen unbeschwerten Sommerferien mit der Familie ihrer Tante auf dem Dorf ein Gefühl von Geborgenheit. Hier herrscht wohltuende Normalität, denn sie kann sich frei bewegen, fühlt sich geliebt und ist glücklich: »Alles, was später aus mir wurde, kommt von dort«, stellt sie fest. Diese Momente der Sicherheit sind bitter nötig, denn die häusliche Situation spitzt sich 1895/96 dramatisch zu. Mathilde Baum verliert den Verstand und wird nach Inzersdorf in die Privat-Heilanstalt für Nerven- und Gemütskranke gebracht. »Eine Mutter«, sagt Vicki Baum, »die verrückt, wahnsinnig war, an irgendeinem unvorstellbaren Ort mit anderen Verrückten zusammen eingesperrt, darin lag etwas, das sich gegen jegliche Ordnung richtete – ein schreckliches Geheimnis voller Scham und Schande«, das gewahrt bleiben soll. Der Vater nimmt Vicki das Versprechen ab, die Mutter und auch Inzersdorf nie mehr zu erwähnen. Zum Schweigen verurteilt, wehrt sie alle Tröstungen wütend ab: »»Nein!‹ schrie ich verzweifelt. ›Ich vermisse sie nicht! Ich bin froh, dass sie nicht mehr da ist. *Froh!*‹«

Vicki Baum reagiert mit trotzigem Stolz auf den übergroßen Schmerz und flüchtet in eine selbst gewählte Isolation: »Ich stieg in den Schacht meiner Einsamkeit hinunter … Ich brauchte niemanden, nicht einmal Mama, sagte ich zu mir selbst. … ich bin stark. Ich kann es ertragen.«

1896 darf sie ihre »Muttel« aus Inzersdorf abholen. Sie trifft auf eine Frau, die ihr fremd ist und die sie nicht mehr lieben kann. Vicki ist acht Jahre alt, doch ihre Kindheit ist längst zu Ende.

Wo begann die Tragödie, die Mathilde Baum verrückt gemacht hat? Mathilde Donath wächst als behütete Tochter in einem großbürgerlichen Haushalt, umgeben von Reichtum und Luxus, auf. Sie ist eine Schönheit, mit dunklem, lockigem Haar und ausdrucksvollen großen Augen. Mit 18 Jahren heiratet sie – es ist eine arrangierte Ehe. »Ich glaube«, sagt Vicki Baum, »dass meine Mutter noch bis zu diesem Tag mit Puppen gespielt hat. … ihre Mutter … ließ sie in die Hochzeitsnacht stolpern.« In ihrer Hochzeitsnacht läuft Mathilde Baum entsetzt zurück zu den Eltern, doch früh am Morgen übergibt ihr Vater sie erneut dem Ehemann. »Und sie fügte sich, ganz wie man es ihr gesagt hatte … einem unerwünschten, ungeliebten Mann«, der sie wegen ihrer Mitgift geheiratet hatte. Zwischen Hermann und Mathilde Baum herrscht von Anfang an eine feindselige Ablehnung, die sich durch ihre ganze Ehe zieht.

Der zweite Schock für Mathilde Baum ist die schwere Geburt der Tochter – zehn Monate nach der Hochzeit. Sie heißt offiziell Hedwig, wird aber Vicki oder Vickerl genannt, nach dem eigentlich erwarteten Sohn Viktor. An ihrer Beziehung zu Hermann Baum ändert sich nichts, Mathilde Baum empfindet ihre Ehe als schreckliches Gefängnis. Jeden Samstag muss sie ihrem Mann die Haushaltsbücher vorlegen, was zu endlosen Streitereien führt. Sie verzweifelt immer mehr. Zuletzt, sagt Vicki Baum, ist sie »zu Stein geworden«.

Die Flucht in die damals pauschal als »Hysterie« bezeichnete Krankheit ist für Mathilde Baum eine Möglichkeit, aus dem »goldenen« Käfig der Ehe auszubrechen. Sie leistet Widerstand gegen die Frauenrolle, doch der Preis für diese »Befreiung« ist hoch. Sie verliert sich selbst und ihre Tochter gleich mit. Wir wissen nicht, was Mathilde Baum für ihre Tochter empfand. Vicki Baums Liebe für ihre Mutter ist von starken Widersprüchen geprägt: »Niemals zuvor hatte ich Mama so verzweifelt geliebt wie zu der Zeit, als sie so zerrissen, verschroben und hässlich war. Niemals habe ich sie so verabscheut wie damals, als ich fühlte, dass sie sich mit nur einem Minimum an Selbstdisziplin und Energie davor hätte bewahren können, derart die Fassung zu verlieren.« Die Tochter zeichnet von ihrer Mutter das Bild einer Neurotikerin, die egozentrisch, ausschließlich mit sich selbst beschäftigt, ohne jedes Gefühl für andere lebt, weitab von der realen Welt.

Einmal aber ergreift sie die Initiative für ihre Tochter: Sie will, dass Vicki zur Musikerin, zur Harfenistin, ausgebildet wird und setzt dies in unzähligen nächtlichen Disputen gegen ihren Ehemann durch. Damit, so die Tochter, »schlug sie eine wahre Schlacht für mich. ... Sie wollte mir die Unabhängigkeit sichern, die ihr nie gewährt worden war.« Mathilde Baum weiß, dass gute Harfenisten rar und die einzigen weiblichen Musiker sind, die im rein männlichen Opern- und Orchesterbetrieb angestellt und gut bezahlt werden. Ihre Tochter wäre dann unabhängig und frei. Vicki Baum bereitet das Musikstudium große Freude. Drei bis sechs Stunden Üben am Tag empfindet die Zehnjährige als »glückselige Zuflucht«. Mit ihrer musikalischen Begabung avanciert sie bald zum Wunderkind. In einer Konzertkritik heißt es: »Ihre Anmut und Jugend stehen in einem merkwürdigen Verhältnis zur künstlerischen Reife ihrer Leistungen, ein Umstand, der ihrem Auftreten einen bedeutenden Reiz verleiht.« 1907 debütiert sie im »Concertverein«, dem Vorgängerorchester der Wiener Philharmoniker, und

Vicki Baum boxt am Punchingball, 1927/28

Vicki Baum an der
Schreibmaschine, 1931

erhält eine feste Anstellung als zweite Harfenistin.
Sie musiziert als einzige Frau unter achtzig Männern.
Vicki Baum hat den Traum und den Auftrag ihrer
Mutter erfüllt. Doch wirklich frei ist sie noch nicht.
Im gleichen Jahr erkrankt ihre Mutter an Krebs.
Der Vater flüchtet erneut zu seiner Mutter und lässt
die Tochter wieder allein. Es ist blanker Hass, den er
bei seiner Tochter damit auslöst: »Der einzige wirk-
liche Feind, den ich jemals hatte, war mein Vater. …
Er war die einzige Person, die ich aus tiefstem Herzen
fürchtete und hasste … während vieler Jahre
wünschte ich mir, … dass er stürbe, bevor ich ihn
töten würde.«

Vicki Baum pflegt ihre Mutter allein und trägt
die gesamte Verantwortung. Sie sitzt in einem Sessel
am Bett der Mutter, in dem sie auch schläft, sie spritzt
ihr das Morphium in einer streng vorgeschriebenen Dosis, die nie reicht: »Jeder Tag …
Schmerz, Agonie und Schreien – ein Inferno.« Sie lebt ohne einen Menschen, der sie
liebt und unterstützt, es ist eine harte Zeit, in der sie ihre Lebensregel lernt: »Es gibt
keinen verlässlicheren Tröster als konzentrierte Arbeit.« Sie eilt zwischen Proben und
Konzerten zur Mutter, immer übermüdet und oft verzweifelt. Zuletzt liegt die Mutter
17 Tage lang in einem tiefen Koma, dann wacht sie kurz vor dem Tod noch einmal auf.
Es sind keine tröstenden letzten Worte, die sie an ihre Tochter richtet, sondern ein
»Schreckensvermächtnis«: »Kichernd, lachend, mit ihrem letzten Atem fluchend, warnte
mich Mama vor den Männern, vor den widerwärtigen … Dingen, die Männer den
Frauen antun. Sie redete über die Abscheulichkeit alles Sexuellen und bediente sich
dabei einer Flut schmutzigster, niedrigster Worte aus dem Gossenvokabular.« Trocken
fügt Vicki Baum hinzu: »Die Psychiatrie kennt solche obszönen Ausbrüche, in denen
unterdrückte Sexualität zur Entladung kommt.«

Nach dem Tod der Mutter erkrankt sie und versinkt in wilden Fieberträumen.
Tagelang weiß niemand, ob sie überleben wird. »In dieser Zeit«, notiert Vicki Baum,
»in der ich ohne Kontakt zur sogenannten Wirklichkeit war, durchlebte ich in Erinnerungen von fast unerträglicher Klarheit jedes kleinste Detail meiner längst begrabenen
und vergessenen Kindheit.« Als sie schließlich gesund erwacht, sind die Schatten der
finsteren Kindheit vertrieben: »Ich war endlich frei. … Ich war glücklich, und das Leben
schmeckte süß.«

Nun beginnt ein radikal neues Leben: Vicki Baum heiratet den Journalisten Max Prels und taucht in seine Lebenswelt, das intellektuelle Wien, ein. Die Diskussionen in den Wiener Cafés mit Schriftstellern, Musikern, Feuilletonisten gehören jetzt zu ihrem Leben. Im Mittelpunkt aber steht die Musik. Sie arbeitet mit den bedeutendsten Dirigenten ihrer Zeit, Fritz Walter, Leo Blech und Arthur Nikisch, für ihre Solokonzerte erntet sie rauschenden Beifall. Kritiker halten sie für die bedeutendste Harfenistin, aber das weiß sie selbst. »Ich war«, schreibt sie, »völlig von der stolzen Gewissheit durchdrungen, dass ich, Vicki Baum, die beste Harfenistin auf Erden sei.«

Vicki Baum mit ihren Söhnen Peter und Wolfgang in Hollywood, 1932

1916 heiratet sie in zweiter Ehe den Dirigenten Richard Lert und gibt ihre Musikkarriere auf. Mit Stolz und großer Befriedigung ist sie nun »Frau Operndirektor Lert« und Mutter der 1917 und 1920 geborenen Söhne Wolfgang und Peter. Ihre Unabhängigkeit gibt sie damit nicht auf, denn sie hat ein zweites Talent, das Schreiben. Gleich die erste Geschichte kann sie bei einem Verlag unterbringen: »Ullstein schluckte sie«, kommentiert sie. 1910 gewinnt Vicki Baum einen hoch dotierten literarischen Wettbewerb. Sie bekommt viel Geld, wichtiger aber ist, dass Thomas Mann in der Jury saß, »das große Idol«, der sie »gedanklich und stilistisch so tief beeinflusst hat«. Den Anstoß für die zweite Karriere gibt wieder eine Lebensregel. Das Wichtigste im Leben ist, »dass ich unabhängig bin, dass ich mich auf mich selbst verlassen kann«. Auf andere, das hatte sie früh gelernt, kann sie sich nicht verlassen, weder auf ihre Eltern noch auf ihre Ehemänner. Der zweite Grund hängt damit zusammen: Die Familie braucht Geld, und das ist ein maßgebliches und wiederkehrendes Motiv, das sie zum Schreiben antreibt: »Mir fallen die besten Ideen ein ... wenn das Geld fehlt ... dann (beginnen) die kleinen Rädchen im Gehirn wie wild zu drehen und schaffen Neues.« Ihr Buch *Der Eingang zur Bühne* von 1920 wird ein Publikumsrenner, und schon wenig später zieht sie als Ullstein-Redakteurin und Schriftstellerin nach Berlin, wo sie sich ganz und gar »zu Hause« fühlt: »Ich dachte, lebte, redete und fühlte wie die meisten anderen dort. ... Ihre Erfahrungen waren meine Erfahrungen ... deshalb fiel es mir leicht, über sie zu schreiben, und ... sie fanden in meinen Büchern ... sich selber.«

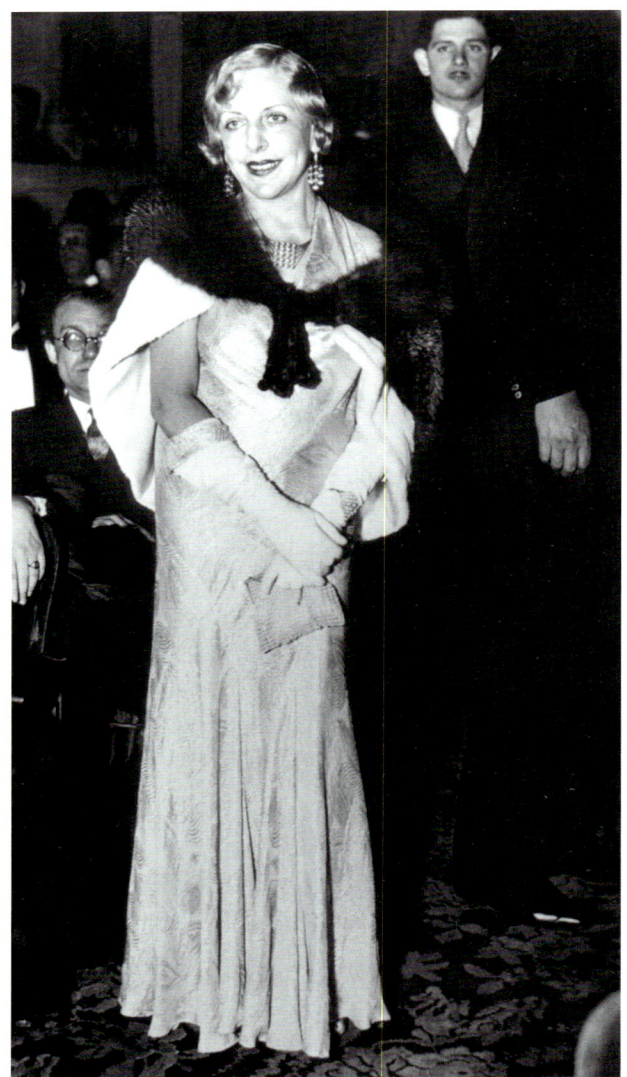

Vicki Baum bei der
Premiere von *Grand Hotel*
in New York, 1932

Vicki Baum gilt heute – neben Autoren wie Erich Kästner, Carl Zuckmayer, Hans Fallada, Alfred Döblin oder Kurt Tucholsky – als maßgebliche Repräsentantin der »Neuen Sachlichkeit«. In ihren genau konstruierten, akkurat formulierten Zeitromanen brechen die Heldinnen aus den traditionellen Rollen aus. Sie wollen mehr, und sie bekommen mehr: Mann und Kinder, aber eben auch eine Karriere. »Ihre Sehnsucht, alle Möglichkeiten eines Frauenlebens auszuleben, und ihr unbedingter Wille zur Selbstbestimmung« charakterisieren diese Frauen. Sie sind einsam und auf sich selbst angewiesen, sie sehnen sich nach Geborgenheit und »mütterlicher« Wärme, sie führen ein Leben wie Vicki Baum. Die mit diesen Themen zur meisterhaften Unterhaltungsschriftstellerin avanciert; in den 1920er Jahren ist sie die höchstbezahlte Autorin Deutschlands. Das Geheimnis dieses großen Erfolgs kennt sie genau: »Ich versetzte mich in einen Trancezustand. … Vergessene Gestalten tauchten auf und nahmen Leben an, sie bewegten sich wie auf einer Bühne, sie sprachen, sangen, liebten, litten, begingen Selbstmord. Ich brauchte sie nur zu beobachten und hinzuschreiben, was da alles auf dieser kleinen Bühne geschah. Das ist … die einzige Methode … nach der ich schreiben kann.« Diese Methode ist auch die Grundlage ihres erfolgreichsten Buchs: *Menschen im Hotel*, das 1928 erscheint. Das Hotel ist für sie ein »Gleichnis oder Symbol des kurzen Aufenthalts, den wir Leben nennen … die innere Einsamkeit hinter all den Türen, die flüchtigen Begegnungen und Berührungen, das unausweichliche Scheiden und Meiden« an diesen anonymen Orten. Dieses Stilmittel »wurde rasch ein Rezept«. Damit wird sie weltweit bekannt: 1930 läuft

*»Ich versetzte mich in einen Trancezustand. …
Vergessene Gestalten tauchten auf und nahmen Leben
an, sie bewegten sich wie auf einer Bühne, sie sprachen,
sangen, liebten, litten, begingen Selbstmord.«*

die amerikanische Theateradaption *Grand Hotel* am Broadway an und wird zu einem großen Erfolg. Im selben Jahr mit Greta Garbo verfilmt, gewinnt *Grand Hotel* einen Oscar als bester Film. 1931 steht der Roman in den USA an vierter Stelle der Jahres-Bestseller-liste, neben Pearl S. Buck, A. J. Cronin, John Steinbeck und Ernest Hemingway. Dieser Erfolg rettet ihr, der Jüdin Vicki Baum, das Leben: 1932 wandert sie mit ihrer Familie nach Amerika aus, »lange vor dem Beginn des großen Exodus aus Deutschland, den Massen-folterungen, dem Massensterben. Ich bin … dafür unendlich dankbar.« 1935 werden ihre Bücher in Deutschland verboten, ihre Weltkarriere bleibt davon unberührt. Die Siebzig-jährige sagt über ihre jahrzehntelangen internationalen Erfolge lakonisch: »Ich weiß, was ich wert bin; ich bin eine erstklassige Schriftstellerin zweiter Güte.« In ihrem Lebens-motto »Ich brauche niemanden«, das sie zum Schreiben antrieb, liegen die Traurigkeit und das Leiden ihrer Kindheit begraben. Vicki Baum hat es auf ihre trotzige Art anders ausgedrückt: In ihren Büchern habe sie ihre Lebenserfahrung vermittelt, nämlich den »Mut, das Leben zu leben und das Beste daraus zu machen – komme, was da wolle«.

Vicki Baum,
Mitte der 1950er Jahre

Renée Schwarzenbach–Wille

1883–1959, Generalstochter, Reiterin, Pferdezüchterin

Annemarie Schwarzenbach

1908–1942, Schriftstellerin, Fotografin, Weltreisende

»Sie hat mich wie einen Buben erzogen, und wie ein Wunderkind«

Renée Schwarzenbach-Wille und ihre
Tochter Annemarie, Klichberg, 1930

»Meine Mama«, schreibt Annemarie Schwarzenbach 1935 im Alter von 27 Jahren, »ist nur Herz, Impuls, Reaktion. Dieses letzte Wort beweist, sie ist auch *Opfer*. Und hier setzt mein Mitleid ein. Sie ruiniert mich mit ihrer Liebe.« Liebe und Hass, eine unauflösbare Spannung zwischen Nähe und Distanz: Zwischen diesen Extremen bewegt sich die Beziehung von Annemarie Schwarzenbach und ihrer Mutter Renée Schwarzenbach-Wille. Waren sie sich zu ähnlich? Was fanden Mutter und Tochter ineinander gespiegelt, was sie nicht akzeptieren konnten, ja radikal ablehnen mussten? Beneidete die Mutter ihre Tochter um einen Lebensentwurf, den sie selbst letztlich nicht bereit war, mit allen Konsequenzen offen zu vollziehen?

Am Tag der Geburt von Renée Wille, dem 4. September 1883, wird ihr Vater zum Oberinstruktor der Kavallerie ernannt. Stolz auf die militärische Tradition und auf die eigene Herkunft sind die höchsten Werte, mit denen die jüngste Tochter der angesehenen deutsch-schweizerischen Familie aufwächst. Der Vater, zu Beginn des Ersten Weltkriegs General und Oberbefehlshaber der Schweizer Armee, ist ihr leuchtendes Vorbild. Renée selbst legt eine eher ambivalente Persönlichkeit an den Tag: Schon als Kind schwankt sie zwischen strenger Disziplin, unnachgiebiger Willensstärke, charmanter Liebenswürdigkeit und Großzügigkeit. Eine lebenslange Leidenschaft hegt sie für Pferde und den Reitsport. Als mutige Springreiterin sammelt sie Trophäen bei großen Turnieren in ihrer Heimat und in anderen Ländern Europas. Nach Ende ihrer aktiven Zeit profiliert sie sich als eine der bekanntesten Pferdezüchterinnen der Schweiz. Die Musik ist ihre zweite Passion. Als junges Mädchen tritt sie mit ihrer Geige in Kammerkonzerten auf und wird zur begeisterten Anhängerin der Opern von Richard Wagner und Richard Strauss.

Mit zwanzig Jahren lernt sie in Zürich Alfred Schwarzenbach kennen und lieben. Alfred Schwarzenbach (1876–1940) kommt aus einer der reichsten und mächtigsten Familien der Schweiz, deren Seidenfabrik zu den größten Textilunternehmen der Welt gehört. Renée Wille und Alfred Schwarzenbach heiraten im Februar 1904, im Dezember desselben Jahres wird der erste Sohn, Robert-Ulrich, geboren. Es folgen 1906 die Tochter Suzanne und am 23. Mai 1908 Annemarie, 1911 und 1913 die Söhne

Familienidylle auf Bocken: Annemarie zwischen Cousine Gundalena Wille und Mutter Renée, rechts Schwester Suzanne, vorne die Brüder Hans und Alfred, 1922

Alfred und Hans. Die Schwarzenbach-Kinder wachsen auf dem idyllisch am Zürichsee gelegenen Gut Bocken auf, wo sie ihre Abenteuerlust ungehindert ausleben können. Die Industriellengattin Renée macht Bocken zu einem der kulturellen Treffpunkte der Züricher Gesellschaft. Neben regelmäßig stattfindenden großen Familienfesten veranstaltet sie Konzerte und Lesungen. Berühmte Komponisten, Dirigenten, Musiker und Literaten wie Richard Strauss, Wilhelm Furtwängler, Bruno Walter, Elly Ney, Siegfried Wagner, Hermann Hesse oder Thomas Mann sind immer wieder gern gesehene Gäste. Ein Umfeld, das auf Annemarie inspirierend wirkt, schon früh ihre Ambitionen für Musik und Literatur weckt.

Bei solchen Veranstaltungen lässt Renée auch kleine Inszenierungen von ihren Kindern, Nichten und Neffen aufführen. Dabei verkörpert Annemarie immer wieder Knabenfiguren. Als Achtjährige legt sie sich sogar eine neue Identität zu: Sie schneidet sich die Haare kurz, kleidet sich wie ihre Brüder und nennt sich von nun an »Fritz«. Wiederholt tritt sie als Page »Paul Otto« auf und leitet gemeinsam mit ihrer Cousine Gundalena Wille das Bockener Pagencorps. Der Mutter ist dieses Spiel mit der Identität sehr vertraut. Auch sie hatte sich mit neun Jahren zum Jungen gemacht und trat ihrerseits als »Kavallerieleutnant Franz Wilhelm« auf. Ebenso die Großmutter Clara Wille, die als Kind Offizier werden wollte. Der Geschlechterwechsel hat in der mütterlichen Linie der Familie ebenso Tradition wie die Vorliebe für das Militär.

Annemarie ist die Lieblingstochter ihrer Mutter, doch bemerkt sie schon früh, dass ihre Brüder bevorzugt werden. Mit umso mehr Elan stürzt sich das wissbegierige und begabte Mädchen in seine Ausbildung. Nachdem sie ihren ursprünglichen Plan, Pianistin zu werden, aufgibt, beendet sie ihre Schulzeit 1927 mit einer glänzenden Matura an einem Privatlyzeum für höhere Töchter. Im selben Jahr beginnt sie an der Universität Zürich das Studium der Geschichte und Literaturgeschichte, das sie an der Pariser Sorbonne fortsetzt und mit einer Dissertation erfolgreich abschließt. Sie ist die erste Frau in den Familien Schwarzenbach und Wille, die einen akademischen Titel erwirbt. Mit ihrem ersten Roman *Freunde um Bernhard*, den sie 1931 parallel zu ihrer Dissertation verfasst, erfüllt sie sich ihren Jugendtraum, Schriftstellerin zu werden.

Im Herbst 1931 zieht sie nach Berlin, um ihre literarische und journalistische Karriere voranzutreiben. In dieser Aufbruchszeit stehen ihr scheinbar alle Möglichkeiten offen: Sie genießt nach außen alle Vorteile ihrer Herkunft, kennt keine finanziellen Einschränkungen, kann im Ausland studieren und reisen. Doch unter der Oberfläche brodelt es. Insbesondere ihre Lebensführung, das Nichteinhalten von Absprachen und Regeln sowie die Wahl ihrer Freundinnen und Freunde führen zu Konflikten mit ihrer Mutter.

Sie schneidet sich die Haare kurz, kleidet sich wie ihre Brüder und nennt sich von nun an »Fritz«.

Alfred Schwarzenbach,
Emmy Krüger, Renée und
Annemarie Schwarzenbach,
Bayreuth-Besuch, 1925

Die Liebe zu Frauen ist für Renée Schwarzenbach seit ihrer Jungmädchenzeit ein selbstverständlicher Teil ihres Lebens. Noch vor ihrer Heirat hatte sie ihrem künftigen Ehemann mitgeteilt, dass ein Verzicht für sie nicht in Frage käme. Er hatte dies akzeptiert, weil er den gemeinsamen Liebesbund dadurch nie als gefährdet ansah. Nach sieben Ehejahren verliebt sich Renée, damals bereits Mutter von vier Kindern, in die deutsche Opernsängerin Emmy Krüger. Es kommt zu einer außergewöhnlichen Beziehungskonstellation, die dreißig Jahre andauert. Sie funktioniert, weil sich die Beteiligten an die Konventionen halten. Emmy Krüger gehört zur Familie. Alle wissen zwar um das Liebesverhältnis, halten sich aber an das Tabu, kein Wort darüber zu verlieren. Nach außen ist Emmy immer nur die Freundin, nie die Geliebte von Renée.

Auch Annemarie fühlt sich von Frauen angezogen. Ihre mädchenhaften Schwärmereien werden von ihrer Mutter anfänglich sogar wohlwollend zur Kenntnis genommen. Eine Haltung, die mit Einsetzen von Annemaries Pubertät allerdings radikal umschlägt. Denn aus dem Spiel wird nun Ernst. Renée reagiert seitdem nicht nur extrem eifersüchtig auf jede Frau, in die sich ihre Tochter verliebt, sie verbietet ihr sogar, ihre Liebe zu Frauen offen zu leben. Doch das halb verdeckte Gefühlskonstrukt, das ihre Mutter praktiziert, kommt für die Tochter nicht in Frage. Im Gegensatz zu ihrer Mutter versteht sich Annemarie als lesbisch und setzt sich mit ihrer Homosexualität intensiv auseinander. Die literarische Verfremdung des Themas in ihren Schriften ist die einzige Konzession, zu der sie auf Druck ihrer Eltern bereit ist. Die Liebespaare in ihren Texten sind grundsätzlich heterosexuell. Im wirklichen Leben folgt sie unverhohlen ihrer Neigung. Zum Entsetzen ihrer Mutter ist Annemarie in Zürich als Lesbe stadtbekannt. Erika Mann, zu der sie 1930 Kontakt aufnimmt, um sich mit ihr über das Schreiben

Nach außen war Emmy immer nur die Freundin, nie die Geliebte von Renée.

auszutauschen, ist ihre große Liebe. Eine Liebe,
die nicht erwidert wird, und eine sehr kom-
plizierte Freundschaft, um die sie aber immer
wieder kämpft.

Im Umfeld ihres Berliner Freundeskreis-
es – darunter Erika und Klaus Mann, die Fotografin Marianne Breslauer, die Schriftstellerin
Ruth Landshoff-York, die Rennfahrerin und
Industriellengattin Maud Thyssen – nimmt
Annemarie Schwarzenbach in Berlin Ende 1932
zum ersten Mal Morphium, von dem sie nach
kürzester Zeit abhängig wird. Mit der Drogen-
sucht beginnt ein rastloses Leben, markiert von
Suizidversuchen, auf der Flucht vor der Einsamkeit und auf der Suche nach Liebe. Sie versucht
immer wieder, von der Sucht loszukommen,

Klaus Mann, Annemarie
Schwarzenbach, Erika Mann
und ein unbekannter Freund,
Sommerfrische am Walchen-
see, 1932

aber die vielen Entziehungskuren bleiben lange Jahre erfolglos. Die innere Zerrissenheit
und Unzufriedenheit treiben sie in die Ferne. Meist in Begleitung von Freundinnen, selte-
ner allein, bereist sie seit 1933 mehrfach den Vorderen Orient, die Sowjetunion, Skandinavien, das Baltikum, Spanien, Portugal, Afghanistan, Indien und allein die USA viermal.
Ihre Aufenthalte finanziert sie zunächst teilweise als Mitarbeiterin bei Ausgrabungsstätten.
Ab Mitte der 1930er Jahre verkauft sie dann Fotoreportagen an Schweizer Zeitungen.
Sie definiert sich zunehmend über das Schreiben, das in diesen unruhigen Jahren ihr
wichtigster Halt ist: »Wirklich, ich lebe nur, wenn ich schreibe.«

Ihr Lebensstil – die Alkohol- und Drogenexzesse sowie die häufig wechselnden
Liebschaften zu Frauen –, aber auch ihr Kampf gegen Hitler: Für die Mutter, eine begeisterte Hitler-Anhängerin, wird Annemarie zur Skandalfigur der Familie. Phasen der Zuneigung, des Verständnisses, der Unterstützung durch die Mutter wechseln mit solchen der
rigorosen Zurückweisung und tiefen Verletzung ab. »Sieh, was ich alles schlucken muss«,
schreibt Renée Schwarzenbach im März 1932 an ihren Sohn Hans, »immer von Neuem
glaube ich, es sei besser mit Annemarie, und immer ist es der gleiche Dreck«. Auf der
anderen Seite kann sie nur dann, wenn die Tochter hilflos ist, die Rolle der gütigen Mutter übernehmen: »Annemarie ist sehr krank, tadle darum nichts mehr, lasse sie liebevoll
in ihrem Leben, bin da, wenn sie mich braucht.« Eine dauerhafte Zerreißprobe in der
Beziehung zur Tochter.

»… aber ich konnte ihr nie ausweichen, weil ich immer schwächer war als sie und mich doch wieder, weil ich argumentieren konnte – stärker fühlte als sie, d. h. im tieferen Recht fühlte. Und weil ich sie liebe.«

»Sie hat mich wie einen Buben erzogen, und wie ein Wunderkind«, notiert Annemarie 1935 über ihre Mutter. »Sie ist eine ebenso schlechte Pädagogin gewesen, wie sie sich für eine ausgezeichnete hielt, aber ich konnte ihr nie ausweichen, weil ich immer schwächer war als sie und mich doch wieder, weil ich argumentieren konnte – stärker fühlte als sie, d. h. im tieferen Recht fühlte. Und weil ich sie liebe.« Kern des Problems ist Renée Schwarzenbachs Unfähigkeit, die Tochter eine selbstständige Persönlichkeit werden zu lassen. Selbst die bereits erwachsene Annemarie bleibt ihr »Zwerg«. Diese verharrt ihrerseits in einem Kindzustand, will »unschuldig bleiben, nicht verkettet, nicht hineingepresst in die Bedingungen dieser Welt« sein. Möglich, dass auch die Enttäuschung darüber, dass Annemarie weder in dem von ihr geliebten Reitsport noch mit einer musikalischen Laufbahn brillierte, den vorhandenen Konflikt schürte.

Nach einem fast einjährigen Aufenthalt Annemaries 1941/42 im Kongo scheint eine vorsichtige Annäherung zur Mutter auf neue Weise möglich zu werden. Die ausgedehnten Reisen und das Schreiben in Afrika haben eine erlösende Wirkung auf Annemarie gehabt. Wie sie der Freundin Ella Maillart im November 1941 brieflich mitteilt, seien »eines Tages«, als sie »ruhig einen Baum in der Nacht« betrachtet habe, sämtliche Belastungen von ihr »abgefallen wie eine alte Gewohnheit«. Seit über einem Jahr drogenfrei, hat sie ihre Selbstzweifel und die Angst vor der Einsamkeit überwunden. Ihr Leben hat wieder eine Perspektive.

Nach ihrer Rückkehr besucht sie ihre Mutter in Bocken, der erste Schritt zu der von ihr so sehr erhofften Versöhnung. Doch dann ereignet sich am 6. September 1942 ein tragischer Fahrradunfall – Annemarie, die versierte Sportlerin, stürzt beim freihändigen Fahren und schlägt mit dem Kopf auf einen Stein. Renée, bestürzt über den immer schlechter werdenden Zustand ihrer Tochter, erspart ihr einen längeren Krankenhausaufenthalt und lässt sie in deren Haus in Sils pflegen.

Durch die Folgen einer fatalen Fehldiagnose stirbt Annemarie Schwarzenbach am 15. November 1942. Nach dem Tod der Tochter setzt sich die Mutter über deren Testament hinweg, vernichtet alle privaten Unterlagen, darunter sämtliche Briefe und Tagebücher. Erika Mann und Anita Forrer, die Annemarie als Nachlassverwalterinnen eingesetzt hatte, werden von ihr übergangen. Das eigene Ansehen und das der Familie ist Renée Schwarzenbach wichtiger, als den Willen der Tochter zu respektieren. Deren schriftstellerisches

Schaffen hat sie damit nicht vernichten können. Mitte der 1980er Jahre wurde Annemarie Schwarzenbach nach über vierzig Jahren Stille um ihre Person wiederentdeckt. Seitdem werden in einer Werkausgabe ihre zum Teil bis dahin unveröffentlichten Romane, Reise-reportagen, Artikel und Erzählungen herausgegeben. Anlässlich ihres 100. Geburtstags hat im Jahr 2008 eine Ausstellung in Zürich, Berlin und München auch ihr fotografisches Schaffen einem größeren Publikum nahegebracht.

Annemarie Schwarzenbach
vor der Abfahrt nach Berlin,
1931

Hedwig Dohm

1831–1919, Frauenrechtlerin, Schriftstellerin

Hedwig Pringsheim

1855–1942, Schauspielerin, Grande dame

Katia Mann

1883–1980, »Frau Thomas Mann«

Hedwig Dohm
im hohen Alter

»Als Mutter war sie ein Märchen«

Hedwig Pringsheim und
ihre Tochter Katia

61

Es ist kein guter Eindruck,

den Thomas Mann 1905 hinterlässt, als er bei der berühmten Schriftstellerin Hedwig Dohm einen Antrittsbesuch abstattet. Sie beschimpft ihn als »verdammten alten Anti-Feministen«, ihre Empörung und ihr Zorn sind gewaltig. Was mag er sich dabei gedacht haben, die Großmutter seiner jungen schwangeren Ehefrau Katia mit der Bemerkung zu provozieren, dass ihm ein Junge lieber wäre, da es »mit einem Mädchen doch keine recht ernsthafte Angelegenheit« sei? Weiß er denn nicht, wen er vor sich hat?

Hedwig Dohm ist eine der brillantesten Frauenrechtlerinnen ihrer Zeit, obwohl sie diese Bezeichnung ablehnt, assoziiert damit doch jeder schnell ein blaustrümpfiges, unattraktives, verbittertes Wesen. Hedwig Dohm indes ist auffallend schön. Und ihre Texte sind unverschämt frech, gefährlich geistreich, voll blitzendem Humor. Sie selbst nennt sich eine Radikale. »Radikal heißt wurzelhaft«, schreibt sie, »und bezeichnet am besten das Wollen und Handeln jener streitbaren Frauen, die die Axt an die Wurzel der Übel legen.« Deshalb fordert Hedwig Dohm den Zugang von Frauen zu Gymnasien und Universitäten wie zum politischen Wahlrecht.

Ihr ganzes Denken ist auf die Infragestellung der zeitgenössischen Vorstellung von der gottgegebenen unveränderlichen Natur der Frau und ihrer Bestimmung zur Mutterschaft gerichtet. Eine bewusste Kampfansage gegen die Emanzipationsgegner, die Frauen den Zugang zu Bildung, Beruf und Unabhängigkeit zu verwehren suchen. Mit ihren Thesen, die in dieser Radikalität etwas völlig Neues darstellen, ist sie ihrer Zeit weit voraus und heute noch verblüffend aktuell. Im Kaiserreich ist Hedwig Dohm eine berühmte Frau und berüchtigt dafür, dass sie den Angriffen ihrer Gegner, die sie in die Kategorie »Herrenrechtler« oder »Radauantifeministen« einordnet, mit Scharfsinn begegnet.

1872 publiziert sie ihr erstes Buch unter dem ironischen Titel *Was die Pastoren von den Frauen denken*. Es folgen *Herrenrechte* und *Die wissenschaftliche Emanzipation der Frau*, in denen sie auf die Argumente ihrer Gegner mit Ironie antwortet: »Weil die Frauen Kinder gebären – darum sollen sie keine politischen Rechte haben. Ich behaupte, weil die Männer keine Kinder gebären, darum sollen sie keine politischen Rechte haben. Und ich finde die eine Behauptung mindestens ebenso tiefsinnig wie die andere.« Sie polemisiert gegen die »Heiligsprechung der Mutterschaft« und dagegen, dass die

»Muss ich, um ein wahres Weib zu sein, bügeln, nähen, kochen und kleine Kinder waschen?«

Ehe der Beruf der Frauen sein soll. Sie legt sich mit anerkannten Geistesgrößen aus Kirche, Philosophie, Literatur und Medizin an, die über den »physiologischen Schwachsinn des Weibes« philosophieren oder die Länge der Beine zum Kriterium der Bildungsfähigkeit erheben.

Selbst Absolventin einer Mädchenschule, zeigt sie keinerlei Respekt vor der männlichen Elite. Ihr spöttischer Humor reizt heute noch zum Lachen. »Es ist eine ehrwürdige, bemooste Anschauung, dass eine wissenschaftlich gebildete Frau eine schlechte Gattin und Mutter sein müsse. Ernsthafte Männer geben sich der excentrischen Vorstellung hin, dass Mutterliebe am Erlernen des Griechischen oder am Schwefeldunst physikalischer Experimente crepieren müsse. Auf dem Mittagstisch einer Frau, die es versteht, Kubikwurzeln auszuziehen, wittern sie unmoralisches Sauerkraut und Erbsen mit einem Beigeschmack von Tinte.«

Die junge Hedwig Dohm, um 1865

Woher nimmt sie den Mut und woher die Respektlosigkeit gegenüber mächtigen Männern? Marianne Adelaide Hedwig ist die uneheliche Tochter des wohlhabenden jüdischen Tabakfabrikanten Gustav Schleh, der ihre nicht standesgemäße Mutter Henriette Jülich erst heiratet, als sein Vater stirbt. Da haben sie schon zehn gemeinsame Kinder. Henriette Jülich führt den riesigen Haushalt mit später 16 Kindern streng. Mit der begabten, verträumten Tochter kann sie wenig anfangen, »ich war ein leidenschaftlich unglückliches Kind, ein verkanntes, ein Kind ohne Mutterliebe«, schreibt Hedwig Dohm in ihren Erinnerungen. Hedwig will anderes als Handarbeiten, Bibelsprüche, Herzensbildung lernen, doch in der Mädchenschule wird ihr das »Wissenswerte nur in minimalsten Dosen verabreicht«. So trotzt sie ihren Eltern das Lehrerinnenseminar ab, doch auch das »war fürchterlich, ein reines Flügelknicken«, klagt sie: »Warum durfte ich nichts lernen?«

Die Heirat mit Ernst Dohm, dem Herausgeber des Satiremagazins »Kladderadatsch«, ist ihre Rettung. Sie bekommt Zugang zu den intellektuellen Kreisen Berlins. Gegen die Geringschätzung, die ihr als Frau dort entgegenschlägt, ersinnt sie Listen: »Ich merkte mir besonders geistreiche und tiefsinnige Aussprüche von Göthe, Schopenhauer … Und

Hedwig Dohm, die spätere
Hedwig Pringsheim, auf einem
Rollenfoto, um 1875

wenn sich … Gelegenheit bot, so wendete ich diese Aussprüche an. Und sieh da – dasselbe Resultat, als wenn ich eigene Weisheit producirte.« Sie gewinnt schnell Sicherheit: Theodor Fontane schätzt ihren »Esprit und Mut zur Meinung«, Minna Cauer imponieren »scharfer Geist und Herzensgüte«. Ferdinand Lassalle und Fanny Lewald sind Freunde. In ihrem Salon trifft sich die geistige und künstlerische Elite Berlins.

Parallel bekommt Hedwig Dohm vier Töchter – während der schwierigen Schwangerschaften beginnt sie zu schreiben. In diesen Texten kritisiert sie das verklärte Mütterbild der Zeit, aber was für eine Mutter war sie selbst? Ihre Tochter Hedwig schreibt: »Als Mutter war sie ein Märchen. Eine süße Zärtlichkeit, eine aufopferungsvolle Liebe, ein stetes Sinnen und Trachten, ihre Kinder glücklich zu machen, sie zu freien, selbstständigen Menschen zu erziehen, erfüllte sie.« Ihre Töchter wachsen in einer liberalen Atmosphäre auf, und ihnen wird die bestmögliche Ausbildung geboten.

Hedwig, die Älteste, beeindruckt durch ihre Schönheit, besonders aber durch ihre Anmut und ihr sicheres Auftreten, wenn sie im Salon ihrer Mutter rezitiert. Als sie das Angebot bekommt, am vielgerühmten Herzoglichen Hoftheater Meiningen aufzutreten, sind ihre Eltern zuerst entsetzt. Der Beruf der Schauspielerin ist für die Tochter einer gesellschaftlich angesehenen Familie eigentlich undenkbar. Doch schon am 5. Januar 1875 debütiert sie als Louise in *Kabale und Liebe*; auf dem Programmzettel ist vermerkt: »Frl. Dohm aus Berlin als erster theatralischer Versuch.« »Ich gefiel«, schreibt sie in ihren Erinnerungen, »und wurde auf drei Jahre mit einer steigenden Gage … engagiert.« Drei Jahre erlebt sie Lampenfieber, feiert Erfolge, erträgt Misserfolge und die üblichen Theaterkräche. Dann verliebt sich ein junger Mann in sie und umwirbt sie leidenschaftlich: »Es lag eigentlich durchaus nicht in meiner Absicht, dem Theater endgültig zu entsagen … (doch) ich verheiratete mich«, schreibt sie lakonisch. Mit 23 Jahren geht sie die Ehe mit dem millionenschweren Mathematikprofessor Alfred Pringsheim ein und führt fortan einen großen Salon der Münchner Gesellschaft, in dem sich Politiker, Literaten, Musiker, Maler und Bankiers treffen.

Als Gastgeberin agiert sie im »Ehegefängnis« witzig und geistreich wie ihre Mutter. Sie fühlt sich gegenüber Alfred Pringsheim gleichberechtigt, sein Reichtum bietet ihr den Rahmen, in dem sich ihre Talente entfalten können. Und davon hat sie einige.

Eine ihrer größten Begabungen ist das Briefeschreiben. Es sind stilistische Meisterstücke, die sie an bekannte und berühmte Intellektuelle ebenso wie an ihre Mutter schickt. Inspiriert von diesen Briefen, schreibt Hedwig Dohm ihren Roman *Sibilla Dalmar* und löst damit einen veritablen Skandal aus. Der Roman enthält Charakterzeichnungen, die in hinreißender Boshaftigkeit die eleganten, tonangebenden Kreise in ihrer ganzen Oberflächlichkeit karikieren. Die halbe Münchner Salonwelt meint sich wiederzuerkennen und ist entsetzt. Die andere Hälfte ist verärgert, weil sie sich nicht wiedererkennt. Dass Sibilla Dalmar als Hedwig Pringsheim identifiziert wird, erschüttert das gesellschaftliche Renommee der ganzen Familie nachhaltig.

Hedwig Pringsheim führt nicht nur einen Salon, sie bekommt in schneller Folge drei Kinder, alle drei sind Jungen. Die vierte Geburt beginnt unerwartet früh und endet mit einer Überraschung: Als das erste Kind, ein Junge, auf der Welt ist, ruft die helfende Bauersfrau aus: »Jessas! Es kommt noch eins!« »Das war dann ich«, kommentiert Tochter Katia. Sie wird als eine der fünf Pringsheimbuben wahrgenommen, und so verhält sie sich auch. Zum Ärger ihrer Mutter tauscht sie Weihnachten ihr Puppenservice gegen die Pistole des Bruders ein.

Lernen zu dürfen, ist ein Privileg, das hatte Hedwig Dohm vehement vermittelt, und Hedwig Pringsheim zögert keinen Augenblick, dieses Recht auf Bildung auch ihrer Tochter zu ermöglichen. Sprachgewandt und polyglott soll sie sein, wie die Brüder. Gemeinsam mit den Eltern radelt Katia in den Sommerferien quer durch Europa, sie erhält Privatunterricht, besteht mit glänzenden Leistungen ihr Abitur und ist eine der 26 weiblichen Studenten an der Universität München. Katia Pringsheim hört Experimentalphysik bei Röntgen und bei ihrem Vater Mathematik. Nicht nur ihr Vater, vor allem ihre Großmutter hoffen auf einen Doktorhut. »Ich war zwanzig und fühlte mich sehr wohl und lustig in meiner Haut, auch mit dem Studium«, schreibt sie in ihren Erinnerungen. »Vielleicht hätte ich zu Ende studiert und auch Examina gemacht«, doch es kommt anders.

Katia Pringsheim wird von ihrer Mutter in eine ungewollte Ehe gedrängt. Mit einem vielversprechenden Lächeln ermutigt diese Thomas Mann und unterstützt sein Werben um ihre schöne Tochter nachdrücklich. Sie vergisst die Maximen ihrer Mutter, die ein Leben lang dafür gekämpft hat, dass Frauen studieren dürfen. Konnte sie sich ihre Tochter doch nur als Ehefrau an der Seite eines vielversprechenden Schriftstellers vorstellen? Katia jedenfalls hat wenig Lust, ihr Studium aufzugeben oder das Elternhaus zu verlassen. »(Ich) wusste eigentlich gar nicht, warum ich nun schon so schnell weg sollte«, schreibt sie. Während der drängende Thomas Mann klagt, »sie kann nicht,

*»Es heißt, die Frau soll im Kinde und im Gatten auf-
gehen … Aber meine Kinder, mein Gatte sind doch so
ganz anders, als ich bin! Mein Ich ist doch gar nicht in
ihnen. Wo ist es denn nun, wenn nicht in mir?«*

kann ›es sich nicht denken‹, sich nicht entschließen«, auch nicht dazu, die über alles geliebte Mutter zu verlassen. Vor allem aber ist sie irritiert über die Liebesbriefe des »vielversprechenden Tommy«, der eifersüchtig ist auf ihr Studium, der es für eine Marotte »streitbarer Frauenzimmer« hält zu promovieren und ihr klar sagt, was er erwartet: Er will seine Frau ganz für sich, als Krönung seines Lebens.

Und was konnte er ihr im Gegenzug sein? Alles, was er ihr bietet, hat sie längst, sie ist schon privilegiert, materiell unabhängig, eine großbürgerliche Prinzessin, gewöhnt an den Umgang mit den Großen ihrer Zeit. Aber ihrer Mutter kann sie nicht widerstehen. Katia Pringsheim heiratet und bekommt schnell hintereinander sechs Kinder. »Da war's aus mit dem Studium«, schreibt sie in ihren Erinnerungen resigniert. Immer wieder wird sie diese Lebensentscheidung in Frage stellen, während die Mutter meint, sie sei glücklich: »Ich glaube, das Mütterliche, das ist überhaupt ihr recht eigentliches Gebiet«, schreibt diese ihren Briefpartnern. Doch die eigentliche Familienmutter ist Hedwig Pringsheim, ohne sie hätte der Mann'sche Haushalt kaum funktionieren können. Mutter und Tochter sehen sich täglich, Hedwig Pringsheim hilft beim Aussuchen der Wohnungen und engagiert das Personal. Sie betreut ihre Tochter während der Geburten und hütet zur Schonung der jungen Mutter tagelang die Kinder in ihrem Haus.

Als Katia Mann immer wieder unter hochfiebrigen Bronchialinfekten leidet, entscheidet Hedwig Pringsheim 1912 über einen Sanatoriumsaufenthalt in Davos und verschafft ihr damit eine Atempause von der Familie. Sie begleitet ihre erschöpfte Tochter und schreibt nach Hause: »Ich halte Davos für einen Schwindel … Ich bin überzeugt, wenn Katia in ihrem Tölzer Landhaus ohne Tommy, ohne die vier Bamsen … 5 Monate so lebte wie hier, wäre sie gerade so weit (erholt)«. Das Verhalten ihres Schwiegersohns, sie nennt ihn spöttisch »Dichterfürst«, meist aber »Tommy«, kommentiert sie mit Witz: »Katia nährt den jungen Mann mit dem seltsamen Namen (Golo) noch selbst, während Tommy in Zürich bei Bircher-Brenner Erholung sucht von den Strapazen der Entbindung – von seinem Roman.« Thomas Mann hat die Allgegenwart und die Einmischungen seiner Schwiegermutter zugelassen, sicherten sie ihm doch die notwendige Ruhe, vor allem halfen sie seiner Frau, in die Rolle der »Frau Thomas Mann« hineinzuwachsen. Denn das fällt ihr schwer.

1912, sieben Jahre nach der Hochzeit, schreibt ihm Katia aus dem Sanatorium: »Ich habe hier so viel Zeit zum Nachdenken, und da denke ich doch manchmal, dass ich mein Leben nicht ganz richtig eingestellt habe und dass es nicht gut war, es so ausschließlich auf Dich und die Kinder zu stellen.« Gleichzeitig inspiriert sie ihn in vielen Briefen mit Skizzen von Mitpatienten zu seinem Roman *Der Zauberberg*. Der Mittelpunkt ihres Lebens bleibt er, seinen Ruhm zu mehren, ist ihr wichtigstes Anliegen. Sie ist seine Privatsekretärin, beschafft Material, arbeitet zu, ist seine Reisebegleiterin und seine Chauffeuse. Ihren Anteil an seinem Werk aber kaschiert sie: »Ich habe auf keinem Gebiet etwas Hervorragendes geleistet.« Um sein Ansehen nicht zu schmälern, macht sie sich klein. Am Ende ihres Lebens zieht sie eine traurige Bilanz: »Ich habe in meinem Leben nie tun können, was ich hätte tun wollen.«

Hedwig Dohm, Hedwig Pringsheim, Katia Mann: Großmutter, Mutter und Tochter. Was verbindet sie? Wo liegen die Brüche? Lebenslang sind Mütter und Töchter eng und liebevoll miteinander verbunden. Hedwig Pringsheim erbt die Kunst des Schreibens von Hedwig Dohm und gibt sie an ihre Tochter Katia weiter. Eine Schriftstellerin, zwei Briefeschreiberinnen. Auch Hedwig Pringsheim hätte »das Zeug zu einer Schriftstellerin gehabt«, meinen ihre Biografen Inge und Walter Jens. In ihren Briefen finden sich plastische Erzählungen, die nicht selten ihren »Schwiegertommy« in den Schatten stellen. »Werde, die du bist!« ist die Romantrilogie von Hedwig Dohm überschrieben. Sie entrollt dort fiktive Lebensbilder von Großmutter, Tochter und Enkelin. Doch weder Hedwig Pringsheim noch Katia Mann setzen die emanzipatorischen Ideen von Hedwig Dohm in ihrer Lebenspraxis um. Tochter und Enkelin übernehmen das großmütterliche Modell einer Ehe, die ihnen Status gibt, ihrem Talent aber Grenzen setzt.

Katia Mann mit ihren Kindern Monika, Golo, Michael, Klaus, Elisabeth, Erika (von links nach rechts), 1919

Queen Victoria I.
1819–1901, Königin von Großbritannien und Irland, Kaiserin von Indien

Victoria, »Kaiserin Friedrich III.«
1840–1901, Königin von Preußen und Deutsche Kaiserin

»Ich hoffe, ich bin würdig,
Dein Kind zu sein!«

Queen Victoria I. und ihre Tochter Victoria, Princess Royal, bekannt als »Kaiserin Friedrich III.«, 1893

Mit einem Wutausbruch reagiert Queen Victoria, als sie merkt, dass es sie schon in ihrer Hochzeitsnacht »erwischt« hat und sie ein Kind erwartet: »Ich könnte nicht unglücklicher sein … es verdirbt mir mein Glück«, schreibt sie in ihr Tagebuch. Ihr Glück, das ist Albert, er wird es immer sein. Auf den ersten Blick hatte sie sich verliebt und schwärmt, er sei »über alle Maßen hübsch«, und bei der Vorstellung, ihn haben zu können, rast ihr Herz. So macht sie ihm, dem Prinzen Albert von Sachsen-Coburg und Gotha, einen Heiratsantrag: »Ich sagte ihm, … dass er mich zu *glücklich* machen würde, wenn er dem zustimmte, was ich wünschte. Wir umarmten uns immer und immer wieder … Oh, *wie* ich ihn bewundere und liebe, ich kann es gar nicht sagen.« In ihrem Tagebuch beschreibt sie auch die Hochzeitsnacht, in der sie sexuelle Erfüllung erlebt: »Mein *liebster, liebster, lieber* Albert … gab mir Gefühle himmlischer Liebe und Glückseligkeit … es war die Wonne, unvorstellbar!« Ihre Schwangerschaft und die Wonnen mit Albert aber schließen sich aus. Begeistert ist sie vom Wachsen des »Dings« in ihrem Körper daher nicht, und vor der Geburt hat sie Angst. Wenn überhaupt, wäre nur ein Thronfolger die ganze Mühe wert. Eine Princess Royal lehnt sie kategorisch ab: »Ich glaube, ich würde es ersäufen. Ich will nichts als einen Jungen. Ich will niemals ein Mädchen haben.« Am 22. November 1840 kommt »Vicky« zur Welt. »Macht nichts«, sagt die erschöpfte Königin gleich nach der Geburt, »das nächste wird ein Prinz.«

»Ich bin die Herrscherin«, daran lässt Victoria keinen Zweifel, und sie ist es gern. Mit der unerwarteten kleinen Tochter kann und will sie nicht viel Zeit verbringen. Die Verpflichtungen als Königin, Ehefrau und Mutter bringen sie in einen Rollenkonflikt, den sie vorher leicht lösen konnte. So lehnte die Königin bei aller Wonne eine mehrwöchige Hochzeitsreise ab: »Lieber Albert«, heißt es in einem Brief, »Du hast das Problem überhaupt nicht verstanden. Du vergisst, … dass ich die Herrscherin bin und dass die Arbeit auf nichts in der Welt hintangestellt werden oder ruhen kann.« Auf die Rolle der königlichen Herrscherin hat sie sich seit ihrer Kindheit vorbereitet. »I will be good«, sagt die Elfjährige selbstbewusst, als sie erfährt, dass sie an erster Stelle der Thronfolge steht. Kurz vor dem Tod König Williams IV. notiert sie ruhig und gelassen in ihr Tagebuch: »Ich bin nicht aufgeregt, auch wenn ich mich noch nicht Allem gewachsen fühle.« Victoria besteigt den Thron vier Wochen nach ihrem 18. Geburtstag. Ihre Selbstsicherheit überrascht den gesamten Kronrat. Die ergrauten Herren müssen sich daran gewöhnen, dass die junge Königin Wert darauf legt, alle Entscheidungen allein zu treffen. Sie ist mit Begeisterung Königin, und sie mag die Verehrung, ist überwältigt vom öffentlichen Jubel, liebt ihre Unabhängigkeit, steckt voller Lebenslust und tritt sehr machtbewusst auf. »Für eine junge Person führen Sie ein ziemlich unnatürliches Leben. Es ist das Leben eines Mannes«, kommentiert ihr Premierminister Lord Melbourne. Ihr gefällt es.

»Wenn alle Mühen nur mit einem garstigen Mädchen belohnt werden, ich glaube, ich würde es wohl ersäufen.«

Nach der Geburt von Vicky ordnet Queen Victoria ihre Aufgaben neu. Albert, der schon immer Interesse an den Regierungsgeschäften zeigte, hatte ihr bisher assistiert: »Ich unterzeichnete einige Papiere und Anordnungen, und er war so lieb, sie mit Löschpapier zu trocknen.« Nun avanciert er nach und nach zum wichtigsten Ratgeber und wird eine unersetzliche Stütze der Monarchin. Der Prinzgemahl etabliert die Überparteilichkeit der Krone und festigt die konstitutionelle Monarchie. Er arbeitet im Hintergrund – ein Schattenkönig. Auch wenn Queen Victoria erklärt, »ich kann Frauen nicht ausstehen, die sich in die Politik einmischen«, ist sie sehr wohl in der Lage, ihre Rolle auszufüllen. Doch auch die Königin ist nicht frei vom Einfluss des herrschenden Frauenbildes; Herrschaft liegt demnach in der Natur des Mannes. So ist es für die Politiker eine Erleichterung, sich an Albert wenden zu können statt an die Königin, denn Politik mit einer Frau zu besprechen, ist für viele Gentlemen ein Problem. Die Macht gibt Victoria allerdings nie aus der Hand, Albert trägt die Last der Arbeit, die letzte Entscheidung hat sie.

Und im privaten Leben der königlichen Familie? Wer bestimmt dort? Eine »Mamma d'une nombreuse famille« will sie nicht sein. Das könne er im Ernst nicht wollen, hatte sie Albert mitgeteilt. Es werden schließlich neun Kinder sein, die sie mit einer gewissen Kühle liebt. Oberhaupt der Familie ist Albert, ihm haben die Kinder zu gehorchen, darauf besteht die Queen. Zu Hause will Victoria Ehefrau und Mutter sein. Eine normale Familie? Das nicht, denn Albert ist kein viktorianischer Vater, er ist verspielt, liebevoll und gütig, ein Vater, der mit Vicky »auf dem Arm herumtanzt; er macht sich vorzüglich als Kindermädchen (im Gegensatz zu mir ...) ... und sie scheint auch stets damit

Queen Victoria I. auf dem Staatsporträt von Franz Xaver Winterhalter, um 1859

Queen Victoria I. und
Albert mit ihren Kindern
Edward, Princess Royal
Vicky, Alice, Alfred und
Helena, um 1848

zufrieden, bei ihm zu sein« – so die Mutter. Vicky ist der ganze Stolz Alberts. Vater und
Tochter verbindet eine ungewöhnlich enge Beziehung, eine tiefe gegenseitige Liebe.
Victoria kann gar nicht anders, als Alberts Liebling auch zu lieben. Vicky ist sehr aufge-
weckt und intelligent, was sie sehr wohl weiß, ein selbstbewusstes, oft widerspenstiges
Kind, mit der Marotte, bei öffentlichen Auftritten auf einem Bein zu stehen und mit
einem Fuß zu schlenkern, auch unter den strengen Augen der Mutter. Doch diese kann
dem Charme und dem strahlenden Lächeln der kleinen Vicky nicht widerstehen.

Victoria und Albert setzen alles daran, dass ihre Kinder in einer glücklichen
Familie aufwachsen und eine umfassende Bildung erhalten. Besonders Vicky, die
schon mit drei Jahren Englisch und Deutsch spricht, bekommt eine hoch qualifizierte
politische Ausbildung, sie wird auf den Thron vorbereitet. Nicht auf den englischen,
der steht ihr als Tochter nicht zu, sondern auf den deutschen. Ihre Eltern haben sie für
eine dynastische Aufgabe vorgesehen. Sie soll den Traum ihres Vaters erfüllen, die
Beziehung zwischen Deutschland und England intensivieren und ein liberales Preußen
schaffen, das Deutschland in eine konstitutionelle Monarchie führt. Die Heiratspolitik
ist erfolgreich, doch »es war nicht Politik, es war nicht Ehrgeiz, es war mein Herz«,
sagt die Prinzessin nach ihrer Heirat.

Mit ihrem Charme und dem strahlenden Lächeln hatte die Princess Royal den
deutschen Thronfolger Friedrich Wilhelm becirct. Ihr Esprit und ihre Klugheit faszinieren
ihn, und Vicky ist ganz hingerissen von dem großen, blonden »Fritz«. Sie ist erst 17 Jahre

alt, als sie ihre große Liebe heiratet. Als Kronprinzessin will sie alles in ihrer Macht Stehende tun, um die ihr von den Eltern zugedachte Rolle zu erfüllen. Entschlossen, die Herzen der Deutschen zu erobern, fährt sie in bitterster Kälte in der offenen Kutsche durch Berlin. Alle sollen sie sehen. Als die Königin bei ihrer Ankunft im Schloss fragt, ob sie nicht vollkommen erfroren sei, antwortet sie mit tapferem Lächeln: »Doch, das bin ich. Ich habe noch eine warme Stelle, und das ist mein Herz.«

Willkommen ist sie weder in der kaiserlichen Familie, noch passt die Heirat der deutschen Politik. Der Reichskanzler Otto von Bismarck stellt klar: »Gelingt es ihr, die Engländerin zu Hause zu lassen und Preußin zu werden, so wird sie ein Segen für das Land sein.« Neben den deutschen Erwartungen stehen die Forderungen ihrer Eltern. Ihr Vater schreibt nach Berlin: »Dein Platz ist, Frau Deines Mannes, Tochter Deiner Mutter« zu sein, und mahnt: »Nichts von dem aufgeben, was Du Mann und Mutter schuldig bist.« Vicky gerät in eine Zwickmühle. Gegen die Ansprüche der Mutter, die in jedem Brief schreibt: »Als meine Tochter und eine englische Prinzessin erwarte ich von Dir …«, versucht sie sich abzugrenzen: »Es ist sehr unwahrscheinlich, dass ich vergesse, … was ich meinem Land schuldig bin … aber meine wichtigsten Pflichten sind jetzt hier.« Die Kronprinzessin hat es schwer, sie gerät in eine Familie, von der sie abgelehnt wird. Sie ist und bleibt »die Engländerin«, lebt isoliert und wird bespitzelt. Ihr Halt ist »Fritz«, ihm ist Vicky »eine ergebene, liebevolle und nützliche Frau«, so wie ihre Mutter es von ihr verlangt hat.

Nach der Heirat macht Queen Victoria ihre Tochter zur Vertrauten und Freundin, die sie mütterlich bevormundet und der sie ihre gar nicht viktorianisch-prüden Gedanken anvertraut. Über 3 000 Briefe wechseln die beiden. Die Briefe der besorgten Mutter können als Einmischung und Kontrolle gelesen werden, doch verraten sie auch ihre Angst. Vicky lebt in Berlin in einer Situation, die Victoria aus ihrer Kindheit und Jugend nur allzu gut kennt. Die Erinnerung an das »System Kensington«, in dem sie aufwuchs, an die dauernde Kontrolle, die strengen Regeln wird wieder wach; sie war entsetzlich allein und weiß genau, wie sich ihre Vicky fühlt. Trotzdem wird sie mit ihren Forderungen und Ratschlägen zu einer Übermutter, die wohl stolz ist auf das kluge Verhalten ihrer Tochter, ihr Lob aber immer mit Kritik verbindet. Fällt etwa die Antwort nicht detailliert genug aus, beschwert

Heinrich von Angeli:
Kronprinzessin Victoria von Preußen in historischem Kostüm, 1875

Kaiser Friedrich III. (als Kronprinz Friedrich Wilhelm von Preußen) und Victoria (als Kronprinzessin von Preußen), 1865

Victoria sich umgehend: »Und dann muss ich auch ein wenig mit Dir schimpfen, weil Du auf einige Fragen nicht antwortest, besonders aber weil Du mir nicht schreibst, was Du so machst.« In vielen Briefen vergleicht Queen Victoria ihr Leben mit dem ihrer Tochter: ihre Kindheiten, ihre Ehemänner, ihre Ehen. Vergleiche, die nie zugunsten Vickys ausfallen: »Ich kann nicht glauben und auch nicht zugeben, dass irgendeine Frau mit solch einem Gemahl, solch einem vollendeten Mann gesegnet ist wie ich; denn Papa war und ist mein Ein und Alles. ... Er war mir Vater, Beschützer, Mentor und Berater in allen Dingen, fast möchte ich sagen: meine Mutter genauso wie mein Mann.« Tatsächlich führt die Kronprinzessin Vicky eine andere Ehe: Sie ist ihrem »Fritz« intellektuell überlegen, sie ist seine Ratgeberin.

Die Schwangerschaft ihrer gerade 18-jährigen Tochter bringt die Queen schließlich aus der Fassung. Sie mahnt zuerst die politische Aufgabe an: »Ich weiß, mein Liebes, dass Du Dein Versprechen nicht vergessen wirst, Dich nicht ganz in der ›Vergötterung Deines Kindes‹ zu verlieren«; und äußert gleich anschließend ihren Unmut über die frühe Schwangerschaft: »Mich macht es elend und unglücklich, dass meine ersten beiden Ehejahre so vollkommen verdorben wurden ... wenn ich mir ein Jahr Zeit gelassen hätte ..., wäre alles anders gewesen. Dann hätte ich ein glückliches Jahr mit dem lieben Papa alleine genießen können – wie dankbar wäre ich gewesen!« Ob sie sich im Klaren darüber ist, dass ihre Ambitionen, die Mutter-Tochter-Beziehung in ein schwesterliches oder freundschaftliches Verhältnis zu verwandeln, für Vicky zu bitteren Erkenntnissen führen?

Im Januar 1859 bekommt Vicky ihr erstes Kind. Voller Sorge schickt Queen Victoria ihren Arzt und ihre Hebamme, ihr »Glückshemd«, in dem sie alle Geburten gut überstanden hatte, und Chloroform. Die Geburt verläuft dramatisch, 15 Stunden liegt Vicky in den Wehen, und an ihrem Bett tobt ein deutsch-englischer Ärztekrieg um das Chloroform. Erst als sie zu sterben droht, wagt ein Arzt, die Kronprinzessin gynäkologisch zu untersuchen und das in Querlage liegende Kind mit Gewalt zu entbinden. Wilhelms linker Arm bleibt lebenslang verkrüppelt, Vicky überlebt die Geburt nur knapp. Es ist ärztliche Inkompetenz, doch die Schuld schreibt sie allein sich selber zu und setzt alles daran, trotzdem einen vielversprechenden Thronfolger aus ihrem Kind zu machen. Doch ihr Sohn entwickelt sich ganz anders als von ihr erwünscht und erhofft.

Im März 1888 stirbt Kaiser Wilhelm I. mit 91 Jahren. Jahrzehntelang musste das Kronprinzenpaar auf den Thron warten und mit Schrecken verfolgen, wie der verhasste Reichskanzler von Bismarck seine Reformen umsetzte, die ihren Intentionen zuwiderliefen. Nun endlich ist es so weit. »Liebe Kaiserin Victoria … ich … (bin) dankbar und stolz, dass der liebe Fritz und Du auf den Thron gekommen seid«, schreibt Queen Victoria ihrer Tochter. Doch der neue Kaiser Friedrich III. ist todkrank, als er den Thron besteigt, er stirbt nach genau 99 Tagen. Der Traum von einem deutschen Kaiserreich als konstitutioneller Monarchie ist ausgeträumt. Schlimmer noch, für die Kaiserinwitwe beginnt ein Alptraum. Verzweifelt und hilflos muss sie mitansehen, wie sich alle, Volk, Hof und Politik, von ihr abwenden. Ihr Sohn Wilhelm II. nutzt jede Gelegenheit, seine Mutter, die Engländerin, in Misskredit zu bringen. Landesverrat wirft er ihr vor und Spionage für den englischen Hof, er streut Gerüchte und spinnt Intrigen. »Wie ich vor Gram vergehe«, schreibt sie verzweifelt. Queen Victoria setzt alles daran, sie nach England zu holen: »Es wäre unmöglich, herzlos und grausam, meine verzweifelte Tochter davon abzuhalten, zu ihrer Mutter nach Hause zu kommen … Sie kann sonst nirgendwohin«, schreibt sie dem Premier, der aus politischen Gründen von einer Rückkehr der Kaiserin an den englischen Hof abgeraten hatte. Vicky bleibt in Deutschland. Anfangs kämpft sie um die ihr zustehenden Privilegien als Kaiserinwitwe, dann gibt sie auf und verlässt Berlin. Queen Victoria musste ihren Enkel Kaiser Wilhelm I. um das Schloss Friedrichskron als Wohnsitz bitten. Vicky ist schwer krank, ihre Abhängigkeit von der Mutter ist so groß wie nie. Sie ist jetzt ihre wichtigste Stütze, ihre Trösterin und einzige Vertraute. »Ich weiß«, schreibt sie ihr, »dass ich eine liebe und gütige Mutter habe, die ihr Kind bis zum Letzten beschützen wird, selbst aus der Ferne.«

Mutter und Tochter sterben im gleichen Jahr, 1901. Queen Victoria regierte sechzig Jahre als »Mutter Europas« und prägt mit ihrem Namen eine ganze Epoche. Und ihre Tochter? Vicky schreibt kurz vor ihrem Tod: »Ich werde wohl ungekannt, fremd und unverstanden in mein Grab gehen.« Sie besaß – wie ihre Mutter – alle Gaben, um in ihrem Jahrhundert eine bedeutende Rolle zu spielen und war doch nur Kaiserin für 99 Tage.

Hedwig Reiling

1880–1942, Gründerin des
jüdischen Frauenbundes

Anna Seghers

1900–1983, Schriftstellerin

*»Du hast getan, was Du tun konntest,
alles Andere ist Schicksal«*

Anna Seghers und Hedwig Reiling, 1932/33

Die Schriftstellerin Anna Seghers – dieses Pseudonym

legt sich Netty Reiling mit ihrer ersten Veröffentlichung 1924 zu – verarbeitet nur ein einziges Mal in der 1945 verfassten Erzählung *Ausflug der toten Mädchen* in einer kurzen Sequenz das Schicksal ihrer Mutter Hedwig Reiling literarisch: »Meine Mutter stand schon auf der kleinen, mit Geranienkästen verzierten Veranda über der Straße. Wie jung sie doch aussah. … Sie stand vergnügt und aufrecht da, bestimmt zu arbeitsreichem Familienleben, mit den gewöhnlichen Freuden und Lasten des Alltags, nicht zu einem qualvollen, grausamen Ende in einem abgelegenen Dorf, wohin sie von Hitler verbannt worden war.«

Die Deportation, das Schicksal und der Tod ihrer Mutter sind ein tiefsitzendes Trauma, über das sich Anna Seghers kaum geäußert hat. Selbst mit ihrer Tochter Ruth Radvanyi hat sie darüber niemals gesprochen. Als ihr ein Cousin in den 1960er Jahren wiedergefundene Briefe ihrer Mutter schickt, will sie diese nicht lesen: »Ich habe, was Dir sicherlich sonderbar vorkommt und was wahrscheinlich auch sonderbar ist, nicht gerne Briefe von Menschen, die ich lebend gekannt habe. Ich weiß nicht genau warum, aber es ist mir ein schrecklich unangenehmes Gefühl.«

Ihre lebenslange Abneigung, ja Weigerung gegenüber autobiografischen Aussagen, ihre »Ich-Verschwiegenheit«, insbesondere über ihre bürgerlich-jüdische Herkunft, liegen nicht zuletzt in dem nach innen gekehrten Schrecken des Holocaust und dem Schuldgefühl begründet, die Mutter nicht gerettet haben zu können. Der Schriftsteller Stephan Hermlin, mit dem Anna Seghers seit der Pariser Exilzeit befreundet ist, schreibt: »Ich wusste, dass Anna Seghers tief in ihrem Innern unter Bergen von Schweigen Worte und Schreie barg, die niemals laut wurden.«

Wie so viele deutsche Juden unterschätzen die Eltern Hedwig und Isidor Reiling die Gefahr des Naziregimes und lehnen eine Flucht ab. Sie bleiben in Mainz. Erst nach dem Tod Isidors im März 1940 ist Hedwig Reiling bereit, ihre Heimat zu verlassen. Doch da war es zu spät. Zwei Versuche, die Mutter zu retten, scheitern. Zunächst hat Anna Seghers gehofft, dass die Familie der Mutter ein Visum für die USA besorgen würde. Diese verfügte über entsprechende Verbindungen und finanzielle Mittel und hatte sich ins Ausland retten können. Aber Anna Seghers wird bitter enttäuscht: »Als ich damals nach langen Irrwegen … in New York landete, da hoffte ich sie vorzufinden. Aber sie hatte

»Ich wusste, dass Anna Seghers tief in ihrem Innern unter Bergen von Schweigen Worte und Schreie barg, die niemals laut wurden.«

gar kein amerikanisches Visum. ... sie wurde im Stich gelassen. Durch Dummheit, Gleichgültigkeit oder was sonst.«

Über die Zwischenstation New York kommt Anna Seghers nach Mexiko, wo sie mit Hilfe von Freunden umgehend ein Visum für ihre Mutter besorgt. Trotz der Freude über die telegrafische Ankündigung des Visums bleibt Hedwig Reiling skeptisch: »Wie froh wäre Papa, wüsste er dies, und dass sein Kind so tüchtig war. ... In 6 Wochen kann ja erst Deine Nachricht hier sein, wo werde ich dann sein? Noch hier, zu Dir?? – Du siehst, ich sehe ganz klar, und will versuchen, zu allem Kraft zu behalten.« Ein weiteres Problem ist die erforderliche Kaution von 450 Dollar, die hinterlegt werden müssen. Anna Seghers, selbst mittellos, wendet sich an ihre Verwandten, die aber ihre Hilfe verweigern. Hedwig Reiling ist über dieses Verhalten entsetzt: »Wie können sie dies ohne ewige Gewissensbisse nur ertragen?« Anna Seghers bekommt das Geld nicht rechtzeitig zusammen.

Mutter und Tochter Reiling, Mainz, 1905/06

Am 20. März 1942 wird die 62-jährige Hedwig Reiling als eine von 450 Mainzer und insgesamt 1000 hessischen Jüdinnen und Juden nach Piaski bei Lublin deportiert. Ihr weiteres Schicksal verliert sich. Vermutlich ist sie in einem der Vernichtungslager ermordet worden, da Piaski nur als »Durchgangslager« fungierte. Anna Seghers lässt durch ihren Mann 1946 eine Suchanzeige aufgeben, um mehr über das Schicksal ihrer Familie zu erfahren. Sie selbst bemüht sich nicht darum, die näheren Umstände über den Tod der Mutter herauszufinden.

Als Anna Seghers nach dem Tod der Mutter Briefe liest, die diese in der Zeit vor ihrer Deportation wöchentlich an sie geschrieben hat, ist sie immer wieder zutiefst erschüttert: »Manchmal lese ich fünf, sechs Briefe, die ich von meiner Mutter erhalten habe, und jedes Mal verfalle ich in einen unbeschreibbaren Zustand von Wut und Trauer, aber es ist nichts gewonnen, ihn auf-rechtzuerhalten.« So will ihr die Mutter jegliche Schuldgefühle nehmen: »Wie immer es kommt, mein Liebstes, Du hast getan, was Du tun konntest, das darfst Du Dir sagen, alles Andere ist Schicksal.« Sie äußert sich besorgt: »Du wirst wohl sehr viel Zeit für mich verbraucht haben, wo Du für Dich und die Deinigen es sicher notwendiger gebraucht hast.« Und entschuldigt sich sogar: »Du weißt, dass ich mit nichts komme, mein Liebes, keine Mitbrings für Euch, nichts für meine Kinder, aber mit viel Liebe, mit neuer Tatkraft hoffentlich.«

    Hedwig Reiling, geborene Fuld (1880–1942), stammt aus einer alten angese-henen großbürgerlich-jüdischen Frankfurter Familie. Sie ist die Jüngste von vier Kindern, drei Töchter und ein Sohn, und hält ihr Leben lang engen Kontakt zu ihrer Mutter und den »geliebten Frankfurtern«. Mit 19 Jahren heiratet sie den wohlhabenden Mainzer Kunst- und Antiquitätenhändler Isidor Reiling (1877–1940). Als einer der prominentesten

Anna Seghers, um 1950

Kunsthändler Deutschlands beliefert er den Hof des Großherzogs von Hessen, den rus-sischen Zaren und den preußischen Hof. Wie viele Frauen ihrer Herkunft engagiert sich Hedwig Reiling in der Sozialfürsorge für Frauen und Mädchen. Ende 1918 gehört sie zu den Gründungs- und Vorstandsmitgliedern des Mainzer jüdischen Frauenbundes. Ihrer Mutter und einer ihrer Schwestern, die in Frankfurt schon seit Jahren im jüdischen Frauenbund mit-arbeitet, berichtet sie stolz: »Diese Woche (ist) hier ein jüdischer Frauenbund gegründet (worden), der schon 300 Mitglieder umfasst und in den ich mit in den Vorstand gewählt worden bin.« Während des Ersten Weltkriegs leisten Mutter und Tochter Reiling gemeinsam sozialen Hilfsdienst, vor allem in der Krankenpflege.

    Hedwig Reiling versteht sich als »moderne Frau« im Sinne ihrer Zeit und ihres großbürgerlichen Milieus. So lernt sie Maschine-schreiben und Blindenschrift lesen und ist in verschiedenen sozialen Bereichen tätig. Anna Seghers erinnert sich, dass ihre Mutter »ein starkes Sozialempfinden hatte« und »manchmal an der Mainzer Dummenschule – so nannten die Bürgerlichen die Schule« – unterrichtet habe. Angeregt durch ihre Mutter nimmt die Tochter soziale Not und gesellschaftliche Unterschiede bewusst wahr. Daraus entsteht ihr erstes Interesse an sozialen Fragen und Ideen der sozialistischen Bewegung.

Netty Reiling, die spätere Anna Seghers, wird am 19. November 1900 in Mainz geboren. Obwohl Einzelkind, wächst Netty in einer großen jüdischen Familie auf, mit zahlreichen Tanten und Onkeln, Cousinen und Cousins. Später wird sie nur noch zu wenigen Kontakt haben. Erfolg und materieller Wohlstand sind so selbstverständlich wie soziales Empfinden und Engagement. Die Reilings erziehen ihre Tochter nach orthodoxen Bräuchen und Regeln, vermitteln ihr aber auch humanistische Werte und Vorstellungen. So wird der Kontakt zu christlichen Freundinnen besonders von der Mutter gefördert.

Ein wichtiger Bestandteil der Kindheit und Jugend Nettys sind gemeinsame Kuraufenthalte – meist mit der Mutter – sowie regelmäßige Urlaube zu dritt, die sie bevorzugt am Meer verbringen. Diese Tradition erhält Anna Seghers selbst in schwierigen Zeiten aufrecht. Auch im Exil macht sie Urlaub mit ihrer Familie. Später in der DDR werden die Ferien an der See oder in den Bergen mit Kindern und Enkeln eine Quelle der Erholung.

Ihr behütetes Aufwachsen im großbürgerlichen Milieu erinnert Anna Seghers rückblickend sehr ambivalent: »Fürchterlich! Und das Eingesperrtsein darin war mir so zuwider, dass der Drang in mir immer stärker wurde, so schnell wie möglich auszufliegen, wegzufliegen.« In ihrer berühmten autobiografischen Erzählung *Ausflug der toten Mädchen* spricht sie von einer jugendlichen »Lust auf absonderliche ausschweifende Unternehmungen«. Andererseits betont sie die Freiheit, die ihr die Eltern gewährten. Sie habe alles erkunden können, was sie wollte. »Wir liefen überall herum, stöberten jeden Winkel auf. Der Rhein, der Floßhafen, die Dampfer mit den vielen Schleppern.«

Selbstkritisch sieht sie sich als »fürchterliches Kind«: »Schrecklich muss ich gewesen sein. Ich machte meinen Eltern immerzu Probleme.« Von ihrem Vater fühlt sie sich besser verstanden als von der Mutter. Es ist aber die Mutter, die ihr die Literatur und das Schreiben nahebringt: »Eigentlich hätte ich Grund gehabt, auch ihr dankbar zu sein, denn ihrem Erzählen verdankte ich viele Anregungen für meine ersten Geschichten.« Letztendlich urteilt Anna Seghers über ihre ersten zwanzig Jahre: »Ich glaube, es war eine sehr günstige Jugend.«

Dass es ihr ernst gewesen ist, aus der großbürgerlichen Welt auszubrechen, zeigen ihr weiterer Lebensweg und ihr literarisches Werk. Nach bestandenem Abitur studiert sie von 1920 bis 1924 Kunstgeschichte und Sinologie in Heidelberg. Dort lernt sie den jüdisch-ungarischen Exilanten und Kommunisten Laszlo Radvanyi (1900–1978) kennen, der sie aus der strukturierten Welt der Eltern entführt: »Sorglos, offenherzig waren wir damals. Wir fanden immer etwas zum Freuen.« Es eröffnen sich neue Horizonte, die ihr weiteres Leben entscheidend prägen werden. Laszlo macht sie mit sozialistisch-kommunistischen Kreisen bekannt und unterstützt ihr Vorhaben, als Schriftstellerin zu arbeiten. Das Schreiben steht seither an erster Stelle, es dient der sozialistischen Idee, deren Ideale sie als Schriftstellerin vermitteln will.

Zwischen ihrem Studiumsabschluss, einer Promotion in Kunstgeschichte, und der Hochzeit mit Laszlo lebt sie noch einmal für einige Monate bei ihren Eltern. Obwohl sie sich weltanschaulich mehr und mehr von ihnen entfernt hat, bleibt die Beziehung zwischen ihnen gut und liebevoll. Auch Annas Austritt aus der jüdischen Gemeinde 1932 respektieren Hedwig und Isidor Reiling. Einen Bruch hat es nie gegeben. Nach anfänglicher Ablehnung akzeptieren sie den Ehemann und freuen sich vor allem über die Enkelkinder – der Enkelsohn Pierre wird 1926, die Enkeltochter Ruth 1928 geboren. Sie unterstützen und besuchen die Tochter und ihre Familie sowohl in Berlin, wo sie seit 1925 leben, als auch später im Pariser Exil, solange dies nach 1933 noch möglich ist. Mit Stolz erfüllt sie der erste literarische Erfolg der Tochter, die Verleihung des Kleistpreises 1928.

In allen Zeiten ist für Anna Seghers das Schreiben Selbstreflexion und Selbstinszenierung, ebenso aber auch Verpflichtung und Halt gewesen: »In meiner Arbeit gab es keine Krisenzeiten. Im Gegenteil, die Arbeit half mir über schwere Zeiten hinweg, ich versuche allerorts zu schreiben, was ich mir vornahm.« Ihre eindrücklichsten Werke, so der 1942 erschienene Roman *Das siebte Kreuz*, schreibt sie 1933 bis 1947 im Exil in Paris und Mexiko. Nach der Rückkehr in das Land ihrer Herkunft entscheidet sie sich für den Teil Deutschlands, in dem sie die sozialistische Idee verwirklicht sieht. In der DDR avanciert sie zur bekanntesten und erfolgreichsten Schriftstellerin. Von 1952 bis zu ihrem Rücktritt 1978 ist sie Präsidentin des Schriftstellerverbandes der DDR.

»In meiner Arbeit gab es keine Krisenzeiten. Im Gegenteil, die Arbeit half mir über schwere Zeiten hinweg, ich versuche allerorts zu schreiben, was ich mir vornahm.«

Trotz der vielen Jahrzehnte, die sie in Ost-Berlin lebt, und der Anerkennung, die sie in der DDR erfährt, wird das sozialistische Deutschland nicht zu ihrer Heimat. Im Alter sehnt sie sich an ihren Geburtsort Mainz zurück, wie sie 1971 einer Freundin schreibt: »Ich habe keine richtigen Wurzeln mehr. Lateinamerika ist mir mindestens ebenso lieb wie Frankreich und Skandinavien. Ich wünsche mich oft in meine richtige Heimat, die ist aber so verändert – das weiß ich auch, dass ich es keinen Monat aushalten würde. Vielleicht.«

Anna Seghers auf einer Pressekonferenz in Ostberlin, 1961

Margaret Mead

1901–1978, Anthropologin, Ethnologin

Mary Catherine Bateson

*1939, Anthropologin, Sprachwissenschaftlerin

Margaret Mead, 1970

»Mit dem Vorbild meiner Großmutter und Mutter vor Augen«

Mary Catherine
Bateson, 1987

Nach mehreren Fehlgeburten und trotz der ärztlichen

Diagnose, sie könne niemals Kinder haben, bringt die 38-jährige Anthropologin Margaret Mead am 8. Dezember 1939 ihre einzige Tochter Mary Catherine zur Welt, die von ihren Eltern als Kind Cathy genannt wird. Während der Schwangerschaft bemüht sich Margaret Mead, ihre Erwartungen weder auf die Geburt eines Jungen noch auf die einer Tochter zu konzentrieren, sondern offen zu bleiben: »Denn ich hatte gelernt, sorgsam die Macht einzukalkulieren, die meine Fantasie über die Gedanken und Träume anderer Menschen ausüben konnte … In derselben Weise entschloss ich mich, das Kind, das geboren werden sollte, nicht in seinen Möglichkeiten einzuschränken – nicht zu hoffen, dass es schön oder intellektuell begabt oder mit einem glücklichen Temperament ausgestattet sein würde.«

Für die damalige Zeit ein unerhörter Vorgang, lässt Margaret Mead die Geburt filmen: »Margaret glaubte, dass ein Baby in der Stunde nach der Geburt deutlicher es selbst sei als in den nächsten Tagen und Monaten, wenn die Umwelt immer stärkere Prägungen hinterlässt«, notiert Catherine Bateson in ihren Erinnerungen *Mit den Augen einer Tochter*. Die ersten Wochen nach der Geburt leben die Eltern mit Catherine bei einer Freundin von Margaret Mead. In der kleinen Wohnung schläft das Baby in einer ausgepolsterten Schublade. Seine Entwicklung wird genau beobachtet, fotografiert und gefilmt. In jedem Zimmer steht eine Fotolampe, »damit wir jederzeit wichtige Augenblicke in Cathys Leben fotografieren können«, so Margaret Mead in ihrer Autobiografie *Brombeerblüten im Winter*. Mit Stolz stellt Catherine Bateson später in ihren Erinnerungen fest, dass ihre Kindheit die bestdokumentierte in den USA gewesen sei. Bei der Pflege und Ernährung des Kindes orientiert sich Margaret Mead an dem, was sie während ihrer Feldforschung bei Naturvölkern beobachten konnte. Da eine berufliche Pause aus finanziellen Gründen unmöglich ist, kann sich Margaret nicht ausschließlich dem Baby widmen: »Gregory konnte nur wenig Geld aus England bekommen … ich musste durch Vorträge und Unterricht so viel wie möglich dazuverdienen.« Sie nimmt die kleine Tochter auf Kongresse und Vorträge mit, wenn die Kinderfrau nicht zur Verfügung steht.

»Ich war ein erstes Kind, erwünscht und geliebt«: Margaret Mead wird am 16. Dezember 1901 als erstes Kind der Frauenrechtlerin und promovierten Soziologin Elizabeth Mead, geborene Fogg, und des Wirtschaftsprofessors Edward Mead in Philadelphia geboren. In den nächsten zehn Jahren folgen noch vier Geschwister, ein Bruder und drei Schwestern, von denen eine mit neun Monaten stirbt. Margaret Mead schätzt an ihrer

»Ich war ein erstes Kind, erwünscht und geliebt.«

Mutter, die eine sehr ernste Frau ist und nicht viel
Sinn für Vergnügen und Spielereien hat, ihre »uner-
schöpfliche und selbstverständliche Großzügigkeit«
und »ihre absolute Zuverlässigkeit … In mancher
Hinsicht war meine Erziehung meiner Zeit ziemlich
voraus – vielleicht sogar zwei Generationen voraus.
Mutters fortschrittliche Vorstellungen, die Art, wie
alle Kinder in unserem Haus als Personen behandelt
wurden, die Bücher, die ich las …, vor allem die
ständigen laufenden Kommentare meiner Familie über
Schulen … Erziehung … all das repräsentierte einen
außergewöhnlichen Reflexionsstand und eine Vorstellung von Kindern, die in meiner Kindheit selten war.«
Bereits als Neunjährige begleitet sie ihre Mutter, die
ein Projekt über italienische Einwandererfamilien
durchführt, und macht hier ihre »erste Erfahrung mit
Feldforschung«. Sie lernt, »wie wichtig die Verbindung
zwischen dem Konkreten und dem Abstrakten«, also
zwischen Praxis und Theorie, ist.

Die Studentin Margaret Mead,
Anfang der 1920er Jahre

        Neben ihrer Mutter ist für Margaret ihre Großmutter väterlicherseits, Martha
Mead, die wichtigste Bezugsperson. Die Großmutter gibt ihr Liebe und Geborgenheit,
unterrichtet sie und bringt ihr die Mead'schen Tugenden nahe: Optimismus, Lebens-
freude, Neugier und unerschütterliches Selbstvertrauen. Martha Mead ist eine begeisterte
Lehrerin, vermittelt ihrer Enkelin, auf den Sinn dessen zu achten, was sie liest, und
vor allem Spaß am Lernen zu haben. Sie unterrichtet sie bis zu ihrem elften Lebensjahr,
bevor sie auf die Highschool kommt. Auch macht ihr die Großmutter den Unterschied
zwischen Jungen und Mädchen bewusst. Sie glaubt, dass Jungen viel mehr Geduld von
ihren Lehrern benötigen als Mädchen im gleichen Alter: »Das gehörte zu den Grundlagen
dessen, was ich über die Bedeutung des Wortes Geschlecht lernte.« Ihre Großmutter
und Mutter machen es ihr leicht, eine Frau zu sein. Beide haben eine akademische Ausbildung, verbinden, wenn auch in unterschiedlicher Weise, Familie und Beruf, sind
selbstbewusst und setzen sich für die Gleichberechtigung der Geschlechter ein. Margaret
orientiert sich nicht nur an diesem Vorbild, sondern führt es erfolgreich weiter. »Mit
dem Vorbild meiner Großmutter und Mutter vor Augen erwartete ich beides zu werden,
Akademikerin sowie Ehefrau und Mutter.«

Margaret Mead mit
ihrer Tochter Mary
Catherine Bateson

Gegen den anfänglichen Widerstand des Vaters setzen die Mead-Frauen durch, dass Margaret Englisch und Psychologie studieren darf. Nach einem Jahr an der ländlichen DePauw-Universität in Indiana wechselt sie 1920 an das Barnard College an der New Yorker Columbia-Universität. Seitdem ist New York ihr Halte- und Ruhepunkt, wenn sie später von ihren Reisen zurückkehrt. Hier trifft sie auf den berühmten Anthropologen Franz Boas und seine Assistentin Ruth Benedict (1887–1948). Zwar macht sie wie geplant einen Abschluss in Psychologie, schließt dann aber ein Studium der Anthropologie an: »Als ich mich für die Anthropologie als Berufslaufbahn entschied, entschied ich mich auch für ein enges Verhältnis zu Ruth.« In diesen Jahren hat Margaret Mead mehrere Liebesbeziehungen zu Frauen und Männern. Bereits auf der Highschool verlobt sie sich mit Luther Cressman (1897–1994), den sie 1923 heiratet. In ihrem letzten Studienjahr verliebt sie sich in ihre Lehrerin Ruth Benedict. Die Beziehung führen sie sehr diskret, denn beide sind verheiratet. Ruth reagiert sehr verletzt, als Margaret nach ihrer Scheidung 1928 den neuseeländischen Anthropologen und Psychologen Neo Fortune (1903–1979) heiratet, den sie auf dem Rückweg von ihrer ersten Forschungsreise nach Samoa kennengelernt hat. Nach einer heftigen Krise und Auseinandersetzung finden sie zu einer intensiven und die Arbeit gegenseitig befruchtenden Freundschaft zurück, die bis zum Tod von Ruth

Benedict im Jahr 1948 währt: »Als sie starb, hatte ich alles gelesen, was sie jemals geschrieben hatte, und sie hatte alles gelesen, was ich jemals geschrieben hatte. Bis heute hat das niemand anders getan.« Catherine Bateson erfährt erst nach dem Tod der Mutter von deren Liebesbeziehungen zu Männern und Frauen: »Ihr Leben lang bejahte sie die Möglichkeit vieler Arten von Liebe, mit Männern ebenso wie mit Frauen, sie lehnte keine ab, … sondern verlangte nach immer neuen, bereichernden, intensiven Erfahrungen, mit einem ungeheuren Elan, der ihre Mitmenschen gelegentlich erschöpfte …«.

Ihren Ruhm als Anthropologin und ihre außergewöhnliche Popularität begründet Margaret Mead, als sie mit 24 Jahren zu ihrer ersten von sechs Expeditionen zu den Naturvölkern der südpazifischen Inseln aufbricht. 1925/26 erforscht sie auf Samoa die Gewohnheiten und das Leben der heranwachsenden Mädchen und veröffentlicht die Ergebnisse in dem Buch *Coming of Age in Samoa* (dt.: *Kindheit und Jugend in Samoa*), ihrem ersten Bestseller, der 1928 erscheint. Bis zum Beginn des Zweiten Weltkriegs folgen weitere Forschungsreisen nach Neuguinea, Bali, Grönland, den Philippinen, Neuseeland, in die USA, nach Ost- und Südafrika und zu den Admiralitätsinseln. Sie entwickelt einen Arbeitsrhythmus, der regelmäßige Reisen, Feldstudien vor Ort und die Niederschrift der Arbeitsresultate nach ihrer Rückkehr verbindet. Auf Neuguinea begegnet Margaret Mead 1932 dem Anthropologen Gregory Bateson (1904–1980). Gemeinsam führen sie anschließend Beobachtungen auf Bali durch, dokumentieren das Alltagsleben der Einwohner auf 23 000 Schwarzweißfotos und 7 000 Metern Film. Aus der Arbeits- entsteht eine Liebesbeziehung. Nachdem Margaret Mead geschieden wurde, heiraten sie im Jahr 1936. In diesem Jahr wird Margaret Mead auch eine Stelle am American Museum of Natural History in New York angeboten. Mehr als vier Jahrzehnte, bis zu ihrem Tod, wird sie dort als Assistentin und später als Kuratorin tätig sein.

Nach der Geburt der gemeinsamen Tochter entschließen sich Margaret Mead und Gregory Bateson, zu einem befreundeten Paar mit Kindern zu ziehen: »Beide führten ein zutiefst unkonventionelles Leben … So wuchs ich nicht in einer Familie oder als Einzelkind auf, sondern als Teil einer flexiblen und offenherzigen Großfamilie mit Kindern aller Altersgruppen, in der fünf oder sechs Paar Hände zum Erbsenpulen oder Abtrocknen mobilisiert werden konnten«, so Catherine in ihren Erinnerungen. Um die häufigen Trennungen aufzufangen, habe ihre Mutter besonders »auf unsere gemeinsamen Zeiten« geachtet und daraus »Zeiten der Glückseligkeit« gemacht, »ganz offensichtlich in der Absicht, das, was an Quantität vielleicht fehlte, durch Qualität wettzumachen«. 1953, als Catherine 13 Jahre ist, geht Margaret Mead zum ersten Mal nach dem Krieg auf eine fast

»Ihr Leben lang bejahte sie die Möglichkeit vieler Arten von Liebe, mit Männern ebenso wie mit Frauen.«

einjährige Forschungsreise. In diesem Jahr löst sich die Tochter von ihrer Mutter. Intensiv beschäftigt sie sich mit der Schule und ihrem Freundeskreis, der ihre Interessen teilt. Sie beginnt, Gedichte und Geschichten zu schreiben. Auch äußerlich ändert sich die Lebenssituation. Nach Margaret Meads Rückkehr wird die Hausgemeinschaft mit den Franks in New York endgültig aufgelöst. Bereits 1950 hat sich Gregory Bateson scheiden lassen, um mit seiner zweiten Ehefrau in Kalifornien zu leben, wo Catherine ihn regelmäßig besucht. Margaret Mead zieht 1955 mit ihrer Tochter in das Untergeschoss des Hauses ihrer Freundin Rhoda Metraux (1914–2003), die dort die oberen Stockwerke mit ihrem Sohn Daniel und einer haitianischen Haushälterin bewohnt. Im Sommer 1956 fahren sie gemeinsam nach Israel. Catherine entschließt sich, dort die Highschool zu beenden. Margaret Mead akzeptiert diese Entscheidung. In ihren Erinnerungen schreibt die Tochter: »Ein Vierteljahrhundert später kann ich innehalten und ihre Leistung betrachten, die darin bestand, mich dableiben zu lassen ... (wir) waren beide bereit, uns voneinander frei zu machen.« Nach einem Jahr kehrt Catherine in die USA zurück, um zu studieren. Mit der Trennung beginnt auch für Margaret Mead eine neue Lebensphase. Sie reist häufig und wird zunehmend zu einer öffentlichen Person und Institution, die sich aus kulturvergleichender Perspektive zu aktuellen gesellschaftlichen Entwicklungen und Problemen äußert. Sie nutzt ihre Prominenz, um im noch neuen Medium des Fernsehens ihre Erkenntnisse aus jahrzehntelanger Forschung einer breiten Öffentlichkeit zu vermitteln und um Diskussionen unter anderem zum Rollenverständnis und zur Geschlechterfrage anzustoßen.

Catherine Bateson lernt während ihres Studiums den Armenier Berkev Kassajian kennen, und zwei Jahre später, 1960, heiraten sie in New York. Margaret Mead und Rhoda Metraux ziehen 1961 in ein Appartement am Central Park West, in dem sie bis zu Margaret Meads Tod gemeinsam leben.

Catherine Bateson verbringt mit ihrem Ehemann die nächsten zehn Jahre im Ausland, erst auf den Philippinen, dann im Iran. 1969 wird ihre einzige Tochter Sevanne Margaret geboren. »Als Vanni geboren wurde, war das Selbstvertrauen meiner Mutter eine Bereicherung für mich ...«. Margaret Mead bleibt auch bei der Enkeltochter die forschende Beobachterin: »Als neugebackene Großmutter fing ich an, sowohl die Kindheit meiner Tochter wiederzuerleben als auch die Manifestationen von Temperamenten in dem winzigen Wesen zu beobachten ... Ich führte die Filme von Cathys Geburt und ihrer frühen Kindheit vor, die meine Tochter dann so kommentierte: ›Ich finde, mein Baby ist intelligenter‹ – oder hübscher, oder lebhafter – ›als dein Baby!‹«

Obwohl sie es nie wollte, wird Catherine Bateson zur Anthropologin, wenn auch auf Umwegen über ein sprachwissenschaftliches Studium: »Früher hatte ich mit großer

Margaret Mead während
einer Diskussion, 1978

Bestimmtheit gesagt, ich würde nie in die Anthropologie gehen, aber am Ende wurde
die Anthropologie für mich zum ›alles verbindenden Muster‹.«

Im Alter erhält Margaret Mead zahlreiche Ehrungen, das Nachrichtenmagazin
Time wählt sie 1969 zur »Mother of the World«. Als sie an Krebs erkrankt, wehrt sie sich
mit aller Willenskraft dagegen, ihre Arbeit aufzugeben und das Leben zu verlassen.
Sie stirbt am 15. November 1978, am Vorabend des Jahrestreffens der Amerikanischen
Anthropologischen Gesellschaft: »Ihre Abwesenheit war sichtbarer als irgendjemandes
Anwesenheit!«, bemerkte ein Kollege.

Catherine Bateson führt das Erbe ihrer Mutter weiter. So übernimmt sie nach
deren Tod auch die Leitung des Institute for Intercultural Studies, das diese 1944 gemeinsam mit Ruth Benedict gegründet hatte. Wie Margaret Mead verfolgt Catherine Bateson
mit ihrer Arbeit das Ziel, »an Projekten zu arbeiten, die helfen konnten, bessere Bildungs-
möglichkeiten oder eine bessere Verständigung zwischen den Kulturen herbeizuführen«.
Die besondere, von Liebe und gegenseitigem Respekt geprägte Nähe zur Mutter wirkt
weiter: »Die Gespräche und der Austausch waren so reich und bereichernd, dass ich merke,
wie mein ganzes Denken von ihrem durchtränkt ist, und ich große Schwierigkeiten habe,
wenn ich versuche auseinanderzuhalten, wer was gesagt hat.«

Im Jahr 2001 wird in den USA auf Initiative von Catherine Bateson der 100. Geburtstag von Margaret Mead im Rahmen zahlreicher Veranstaltungen gefeiert, einige zentrale
Werke werden neu aufgelegt, es erscheinen Biografien über sie – die leidenschaftliche
Anthropologin wird »wiederentdeckt«. In Deutschland hingegen ist sie fast vergessen
und ihre Bücher nur noch antiquarisch zu erhalten.

Clara Schumann

1819–1896, Pianistin, Komponistin

Eugenie Schumann

1851–1938, Klavierlehrerin, Biografin

Clara Schumann, 1858

»Nichts weniger denn ein Wunder, einzig in seiner Art«

Eugenie Schumann, 1871

Als 18–Jährige schreibt Clara Wieck ihrem Verlobten Robert Schumann (1810–1856), »dass ich unglücklich sein würde, wenn ich nicht immerfort der Kunst wirken könnte«. Nach dem Tod von Robert Schumann empfindet sie, »wie sehr die Musik zu meinem Leben nötig – müsste ich so fort sie entbehren, ginge ich bald zu Grunde«. Und als Siebzigjährige ist ihr der Gedanke, nicht mehr Klavier spielen zu können, unerträglich: »Ach wie soll ich nur fortleben, wenn ich es ganz aufgeben muss!« Die Rangfolge steht für sie fest: »Inneres erwärmen, das kann nur Musik und Menschen.« Auch die Kinder wissen darum, und so schreibt ihre jüngste Tochter Eugenie Schumann in ihren Erinnerungen: »Gar manchmal sagten wir zueinander: Was könnte Mama wohl am ehesten aus ihrem Leben missen: Uns oder die Kunst? Und fanden die Antwort nicht …«. Die Suche danach prägt zeitlebens die Beziehung von Eugenie zu ihrer Mutter Clara Schumann.

Seit ihrer Geburt am 13. September 1819 ist Claras Vater Friedrich Wieck, Pädagoge, Musikalienhändler und Klavierfabrikant in Leipzig, zutiefst von der Begabung seiner Tochter überzeugt und widmet sich ganz ihrer musikalischen Erziehung. Eine Schule besucht Clara nur knapp zwei Jahre lang. Ihre Mutter Marianne Wieck, geborene Tromlitz, ehemalige Schülerin von Wieck und erfolgreiche Pianistin und Sängerin, erfüllt, wie später Clara Schumann, die unterschiedlichsten Aufgaben in ihrer achtjährigen Ehe – sie bekommt fünf Kinder, versorgt den Haushalt, erteilt Gesangs- und Klavierunterricht, hilft im Geschäft mit, führt ein gastliches Haus und muss sich auf Konzerte vorbereiten.

Konzertankündigung: Clara Schumann und die Violinistin Wilma Normann-Neruda

»… wie sehr die Musik zu meinem Leben nötig – müsste ich so fort sie entbehren, ginge ich bald zu Grunde.«

Von Beginn an bestimmen Streit und Auseinandersetzung die Ehe. Clara reagiert darauf sehr extrem – bis zu ihrem vierten Lebensjahr ist sie vermeintlich stumm und taub, erst mit sieben Jahren bessert sich ihr Zustand. Ihre Sprache und Ausdrucksform wird die Welt der Töne, des Klangs, der Musik. Die strenge Erziehung und das öffentliche Auftreten, Clara ist elf Jahre, als ihr Vater zum ersten Mal mit ihr auf Konzerttournee geht, bestimmen ihre frühen Jahre: »Meine Jugend habe ich doch eigentlich gar nicht genossen … ich stand immer so fremd in der Welt, der Vater liebte mich sehr, ich ihn auch, doch was ja das Mädchen so sehr bedarf, Mutterliebe, die genoss ich nie, und so war ich nie ganz glücklich.« Clara Wieck fühlt sich nie als Tochter, sondern nur als »Wunderkind« akzeptiert.

Im Gegensatz zu ihrer Mutter wächst Eugenie Schumann, geboren am 1. Dezember 1851, bis auf die ersten vier Lebensjahre nicht im Kreis ihrer Familie, sondern bei den älteren Geschwistern und Verwandten auf. So bleibt Eugenie die Familie zunächst fremd. Bei Besuchen ordnet sie sich ungern ihren älteren Schwestern unter. Die Mutter erscheint ihr streng, sie stellt die höchsten Anforderungen an ihre Kinder in Bezug auf »Fleiß, Pflichttreue, liebevolle Rücksichtnahme und Selbstbeherrschung«. Aber »wie hätte man murren können, wo sie uns selbst mit leuchtendem Beispiel voranging!« Auch bei der musikalischen Ausbildung verlangt Clara, die Eugenie wie auch ihre anderen Kinder im Klavierspiel unterrichtet, höchste Leistungen. Doch sind diese auch noch so bescheiden, ist ihre Geduld unerschöpflich, und »bei dem kleinsten Fortschritt kargte sie nicht mit dem Lobe. Nach der Stunde gab es jedes Mal einen Kuss, und erleichterten Herzens zog ich ab mit den Noten unter dem Arm.« Anders als ihre Mutter leidet Eugenie Schumann übermäßig an Lampenfieber, ist gesundheitlich labil und plant deswegen nie eine Karriere als Konzertpianistin. Ihre Begabung, die ihr auch gerade die Mutter attestiert, streitet sie selber ab: »Wenn mir einerseits daraus, insoweit meine eigenen Leistungen in Betracht kamen, ein lebenslanges Martyrium erwuchs, so verdanke ich andererseits der eingehenden Beschäftigung mit der Musik eine Bereicherung und Vertiefung meines Daseins, wie sie durch nichts andres hätte aufgewogen werden können.« Das Leben von Mutter und Tochter ist der Musik gewidmet – wenn auch auf sehr unterschiedliche Weise.

Eine entscheidende Wende erfährt Clara Wiecks Leben, als Robert Schumann bei Friedrich Wieck studiert und eine Zeitlang auch in dessen Haushalt wohnt. Clara und Robert verlieben sich ineinander und wollen heiraten, was aber erst nach langem und heftigem Widerstand des Vaters möglich ist: Er zettelt sogar eine Klage gegen das Brautpaar an. Clara wird in der Ehe, die 1840 geschlossen wird, nicht glücklich werden. Nicht

»Für uns Kinder kamen nun die glücklichsten Sommer unsres Lebens.«

nur die labile Gesundheit, Trunk- und Spielsucht von Robert belasten die Beziehung, sondern vor allem, dass er ihr zunächst nicht erlaubt, ihre Karriere als Pianistin fortzuführen. Nach seiner Auffassung hat »die Ehefrau« ausschließlich Mutter und Hausfrau zu sein. Da er mit seinen Kompositionen die schnell wachsende Familie jedoch nicht zu ernähren vermag – zwischen 1841 und 1854 werden vier Töchter und vier Söhne geboren –, gestattet er Clara gegen seine innere Überzeugung, wieder Konzerte zu geben und zu unterrichten. Zeitweilig treten sie sogar gemeinsam auf, und sie wird zur kongenialen Interpretin seiner Werke. Längere Konzerttourneen unternimmt Clara Schumann aber erst nach dem Tod von Robert Schumann im Jahr 1856.

Ab dem Zeitpunkt ist Clara Schumann in den Herbst- und Wintermonaten meist in Begleitung ihrer ältesten Tochter Marie auf Tournee. Die jüngeren Kinder leben über Deutschland zerstreut bei Verwandten oder in Pensionen. Um wenigstens die Sommermonate gemeinsam verbringen zu können, erwirbt Clara Schumann 1862 ein Haus in Baden-Baden, von ihr liebevoll »Hundehütte« genannt. Für die Kinder ist es ein Paradies: »Für uns Kinder kamen nun die glücklichsten Sommer unsres Lebens.« Aber auch hier dominieren die Musik und das Klavierspiel das Leben der Kinder – das tägliche Üben gehört zum Pflichtprogramm eines jeden Vormittags. Die Organisation des Haushalts überträgt Clara ihrer ältesten Tochter Marie. So kann sie sich ganz ihrem Beruf widmen und ist von allen Alltagssorgen befreit. Für die jüngeren Kinder ist Marie »Ersatzmutter«, wie Eugenie in ihren Memoiren notiert: Sie ist eine »zweite Mutter, bei der ich mich immer geborgen gefühlt habe«.

1863 beginnt für die elfjährige Eugenie eine unglückliche Zeit. Für drei Jahre kommt sie in ein sehr strenges Mädchenpensionat in Rödelheim. Besuche und Kontakte zur Mutter und zu den Geschwistern sind stark reglementiert, Briefe werden gelesen und zensiert, Freundschaften zwischen den Mädchen nicht geduldet. Sie buhlt immer wieder um die Liebe der Mutter. Die Korrespondenz aus ihrer Pensionatszeit zeigt das eindrücklich: »Ich bin nicht schlecht, liebe Mama, glaube es mir; ich habe viele große Fehler u. kenne sie alle; schon oft habe ich versucht sie zu überwinden, aber ich bin nicht stark genug, ich sinke immer zurück. Ich versuche es jetzt noch einmal und werde dabei immer an Dich denken, liebe Mama. Hast Du mir auch vergeben? Mama, ich kann sonst nicht ruhig sein. ... sei nicht mehr betrübt über mich und sei fest versichert, dass ich mich bessern werde.«

Ihre Situation ändert sich schlagartig, als sie nach einem heftigen Streit mit Mutter Clara in das Mädchenpensionat von Henriette Schrader-Breymann in Wolfenbüttel wechseln darf. Die fortschrittlich geführte Erziehungsanstalt wird ihr zur zweiten Heimat. Die Leiterin Henriette Breymann, begeisterte Anhängerin von Pestalozzi und Fröbel, sowie etliche ihrer Mitschülerinnen werden zu lebenslangen Freundinnen. Schrader-

Breymann tritt zudem als Vertreterin der gemäßigten bürgerlichen Frauenbewegung für die Berufsausbildung aller Mädchen ein, damit ihnen bei möglicher späterer Ehe- und Kinderlosigkeit ein Feld offenstünde, »auf dem sie ihre Kräfte würdig verwenden« könnten. Aufgrund dieser Erziehung gelingt es Eugenie als Einzige der Schumann-Töchter, gegenüber ihrer Mutter ein Studium an der Berliner Musikhochschule durchzusetzen. Allerdings verweigert ihr Clara die Aufnahmeprüfung für die Kompositionsklasse. Denn obwohl sie selbst als junge Frau komponiert hat, hält sie weibliche Kreativität, mittlerweile in Einklang mit dem Denken Robert Schumanns, schlicht für unmöglich.

Clara Schumann begleitet das Heranwachsen ihrer Tochter wie auch das ihrer anderen Kinder – nur Marie lebt mit ihr unter einem Dach – mit einem regen, intensiven Briefverkehr. Ihre Leistung als Mutter lernt Eugenie indes erst im Alter besonders zu schätzen: »Dass aber eine Frau, die sich der Kunst geweiht hatte, ... welche schon an und für sich ein Menschenleben ausfüllt, deren Ausübung in der Öffentlichkeit unausgesetzte, höchste Anspannung erfordert, so im höchsten und umfassendsten Sinne Mutter sein konnte, dünkt mich nichts weniger denn ein Wunder, einzig in seiner Art.«

An der Hochschule in Berlin begegnet Eugenie Schumann der Frau ihres Lebens, der um ein Jahr älteren österreichischen Sopranistin Marie Fillunger (1850–1930). »Sie war ein Wesen ganz andrer Art, als sie bisher in mein Bereich gekommen war. Gesunder Humor, ... Mutterwitz, ... echt österreichische Gutmütigkeit, dito etwas Leichtsinn, immer mit beiden Füßen im Leben stehend, ... sich stets selbst treu, ... das war Marie Fillunger ... oder wie ich sie bald, um Zusammenstöße zwischen den zwei Marien zu vermeiden, nannte: Fillu. ... und wir haben viel sorgenvolle Zeiten zusammen durchgemacht. Aber sie ließ sich nicht unterkriegen und bewahrte sich einen so heitern Sinn, dass sie sogar mich aus schwermütigen Stimmungen, wie sie mich ab und zu überfielen, mit herausriss.« Zwischen Eugenie und Fillu entwickelt sich ein leidenschaftliches Liebesverhältnis und eine lebenslange Partnerschaft. Das Freundinnenpaar wird zwar akzeptiert – Clara Schumann vermittelt Fillu Konzerte und Schülerinnen und tritt gemeinsam mit ihr auf –, doch über den wahren Charakter der Beziehung wird nicht gesprochen. Sie werden als unzertrennliche Freundinnen, aber nicht als Liebespaar wahrgenommen. Eugenie steht zu ihrer Partnerin und bezeichnet sie ganz offen in ihren Erinnerungen als ihren »zweiten und besseren Teil«.

Als Clara mit ihren Töchtern Marie und Eugenie sowie Fillu 1878 nach Frankfurt zieht, um dort an der Musikhochschule zu lehren, hält die ungewöhnliche Konstellation auf Dauer nicht. Immer häufiger kommt es zum Streit zwischen Fillu und Marie, die sich zurückgesetzt fühlt und eifersüchtig auf das Paar reagiert. Clara schlägt sich auf ihre Seite. Für Fillu wird die Situation unerträglich. Nach zehn gemeinsamen Jahren zieht sie aus und begibt sich über die Schweiz und Holland nach London, wo sie ihre zweite, sehr erfolgreiche Gesangskarriere startet. Trotz vieler Zerwürfnisse und auch Loyalitätskonflikte bleiben Eugenie und Fillu ein Paar. Innerlich hin und her gerissen, bleibt Eugenie zunächst in Frankfurt: »... denn bei aller Befriedigung, die mir Mamas Liebe, Mariens schwesterliche Zuneigung und die Erfüllung meiner Pflichten gewährt, vermisse ich seit der Trennung von Fillu für mein Inneres unsäglich Vieles. ... Ihre Laufbahn hat sich seit unserer Trennung so glücklich gestaltet, dass es mir eine kleine Entschädigung ist.« Auch Clara spürt, wie sehr Eugenie unter der Trennung leidet, und schreibt an eine Freundin: »... sie trägt die Trennung so ergeben, dass ich einen Teil ihres Schmerzes mit auf mich genommen habe, d. h. ich fühle für sie, wie wenn es mich selbst beträfe.«

Nach drei Jahren folgt Eugenie 1892 ihrer Freundin nach London. Die Trennung von der Mutter, die sie in ihrer Kindheit so oft entbehren musste, fällt ihr sehr schwer, wirkt sich aber auf die Beziehung sehr positiv aus. Clara Schumann kann nun die Liebe der Tochter annehmen, ist zärtlich und kann sogar Schwäche zeigen, was sicher auch ihrem Alter und ihrem immer schlechter werdenden Gesundheitszustand geschuldet ist. 1891, im Alter von 71 Jahren, gibt Clara Schumann ihr letztes Konzert. Über ein halbes Jahrhundert zählte sie zu den erfolgreichsten und berühmtesten Pianistinnen ihrer Zeit. Auch als Musikpädagogin hat sie Generationen von Klavierschülerinnen geprägt. Ihre letzten Jahre sind von zunehmenden Krankheiten bestimmt. So muss sie 1892 auch ihre Unterrichtstätigkeit am Frankfurter Konservatorium aufgeben. Eugenie besucht ihre Mutter weiterhin regelmäßig zu Weihnachten und in den Sommermonaten in Deutschland. Am Ende von Clara Schumanns Leben haben Mutter und Tochter eine liebevolle Beziehung herstellen können.

In England ist die Stimmung anfangs weniger harmonisch: Fillu ist erfolgreicher als Eugenie Schumann. Nur einige Male tritt Eugenie als Konzertpianistin auf, die Last des Schumann'schen Namens ist zu groß. Als Stellvertreterin ihrer Mutter wahrgenommen – Clara Schumann war durch ihre regelmäßigen Konzerttourneen zu einer der beliebtesten Pianistinnen in England geworden –, gelingt es Eugenie hingegen, schnell einen Kreis von Schülerinnen um sich zu sammeln und so als Musikpädagogin die Schumann'sche Musiktradition und vor allem auch das Erbe ihrer Mutter fortzuführen.

Nach dem Ausbruch des Ersten Weltkriegs müssen Eugenie und Fillu England verlassen. Eugenie geht zu ihrer Schwester Marie nach Interlaken in der Schweiz, Fillu lebt zunächst bei ihrer Familie in Österreich, zieht nach Kriegsende zu den Schwestern. Gemeinsam verbringen sie ihren Lebensabend in der Schweiz.

Dank ihrer literarischen Begabung kann Eugenie Schumann als einziges der Schumann-Kinder aus dem erdrückenden Schatten ihrer Eltern treten. Eine späte Anerkennung erfährt sie mit der Veröffentlichung ihrer Erinnerungen und anschließend mit der Biografie über ihren Vater, Robert Schumann. In den 1925 erschienenen *Erinnerungen* idealisiert Eugenie Schumann teilweise ihr Verhältnis zur Mutter: Die Konflikte, Auseinandersetzungen und Verletzungen, die vor allem das Zusammenleben in Frankfurt belasteten, werden nicht thematisiert. Sehr offen schildert sie dagegen ihre unglückliche Kindheit. Eugenie Schumann lag es jedoch am Herzen, der Nachwelt die liebevolle, zärtliche und auch solidarische Mutter-Tochter-Beziehung der letzten Lebensjahre von Clara Schumann zu überliefern. »Wohl hatte meine Mutter Zeiten, wo Schwermut sie bedrückte, sie konnte manchmal böse werden oder verstimmt sein, aber nie machten sich solche Zustände in Unfreundlichkeit, Launenhaftigkeit oder auch nur Gereiztheit gegen die Umgebung Luft, in solchen Zeiten litt sie selbst schwer, aber für andre hatte sie nur Güte und Geduld.«

Das Paar Eugenie Schumann und Marie Fillunger, Basel um 1900

Alma Mahler–Werfel

1879–1964, Komponistin, Muse

Anna Mahler

1904–1988, Bildhauerin

Alma Mahler–Werfel, 1915

»Sie hat mich verachtet, sie hat mich geliebt«

Anna Mahler in den 1920er Jahren

»Die Mami war ein großes Tier. Ich habe sie Tiger-Mami

genannt. Und hier und da war sie großartig. Und hier und da war sie ganz abscheulich.« Eine großartige Mutter ist Alma Mahler dann, wenn sie ihre Tochter Anna braucht, dann sind sie Verbündete – doch das ist sehr selten. Immer wieder sucht Anna die Liebe und Zuwendung ihrer Mutter: »Sie müßte nur ununterbrochen ihre Gedanken damit ab«, schreibt der Stiefvater Franz Werfel, »wie man doch der Mami eine Freude machen könne«. Sie liebt und bewundert ihre »Tiger-Mami«, die nicht nur dem kleinen Mädchen ungeheuer stark vorkommt. Alma Mahler wirkt auf viele Menschen wie eine strahlende Sonne, nach der sich alle in ihrer Umgebung ausrichten. Jeder, der ihr nahekommt, erfährt aber auch, wie gut sie »Sklaven machen konnte«, und auch Anna erkennt die Gefahr: »Ich hab' mich nie in einen Streit mit ihr eingelassen. Nie. ... Ich habe eine Sauangst vor ihr gehabt.«

Alma Mahler, 1909

Anna Mahler, das zeigt sich bald, ist intelligent, wissbegierig und musikalisch hoch begabt. Sie bekommt Privatunterricht, doch einen ordentlichen Schulabschluss erlangt sie nie. Ihre Mutter fördert die Begabungen ihrer Tochter nicht, mehr noch, sie bringt dafür »keinerlei Interesse« auf. Doch die Tochter versucht, selbst das positiv zu sehen: »Es war schmerzlich, aber ich war froh, weil ich tun konnte, was ich wollte.« Doch was sie auch tut, eins ist ihr immer gewiss: die Abwertung durch ihre Mutter.

Noch die über vierzigjährige Anna Mahler schwankt zwischen Unterwerfung und Angst. In ihren Briefen, die immer an das »geliebte Mamili« gerichtet sind, heißt es: »Jedes Mal wenn ich deine Schrift sehe, kriege ich einen Stoß in die Magengrube – vor Angst,

> *»Die Mami war ein großes Tier. Ich habe sie Tiger-Mami genannt. Und hier und da war sie großartig. Und hier und da war sie ganz abscheulich.«*

dass der Brief ekelhaft ist, und dann einen Seufzer der Erleichterung, wenn die Lecture glimpflich abgegangen ist.« Ihr ganzes Leben lang versucht sie das Unmögliche: die Anerkennung und Liebe ihrer Mutter zu gewinnen. Erst als Sechzigjährige drückt sie aus, was sie immer wusste: Sie hat mich verachtet. Welche Geschichte steckt hinter diesem Mutter–Tochter–Unglück?

Sie ist das schönste Mädchen Wiens, die Alma Schindler, eine hoch talentierte Musikerin, die von den berühmtesten Künstlern umschwärmt wird. Kaum einer kann sich ihrem Zauber entziehen. Eine gekonnte Inszenierung ihrer selbst. Bis heute ist sie berühmt (und berüchtigt) als Witwe Mahlers, als »Windsbraut« Kokoschkas, als Geliebte und Ehefrau von Walter Gropius und Franz Werfel. Sie ist die Femme fatale des 20. Jahrhunderts. Ihr Leben aber ist geprägt von einem großen Verzicht; Alma Mahler nennt es ihre »innere Unterdrücktheit«.

»Ich möchte eine große Tat tun. Möchte eine wirklich große Oper componieren, was bei Frauen wohl noch nie der Fall war. … Mit einem Wort, ich möchte etwas sein und werden, und das ist unmöglich – und warum? Mir fehlt die Begabung nicht, mir – fehlt nur der Ernst.« Musik ist ihr Lebenselixier. Sie will Komponistin werden und Dirigentin: Sie hat ein bedeutendes schöpferisches Vermögen, das von ihrem Kompositionslehrer Alexander Zemlinsky ausgebildet wird. Alma komponiert – Lieder und Klaviersonaten, die kühn sind und originell.

Es hätte die Komponistin Alma Schindler geben können, doch sie heiratet Gustav Mahler. Statt als Musikerin Karriere zu machen, kopiert sie die Partituren ihres Ehemannes. Noch in der Verlobungszeit, ohne je eine Note ihrer Kompositionen gehört zu haben, verlangt Gustav Mahler »nur« das Eine. Sie hat ihre eigenen Wünsche, Ziele und Träume zurückzustellen, um sich

Gustav Mahler mit Töchterchen Anna in Toblach (Tirol), 1909

*»Die Rollen müssen richtig verteilt sein.
Und da fällt die Rolle des ›Componisten‹,
des ›Arbeitens‹ mir zu.«*

Alma Mahler mit ihren
Töchtern Maria und Anna,
1906

ganz ihm zu widmen: »Du hast von nun an
nur einen Beruf: Mich glücklich zu machen! ...
Die Rollen müssen richtig verteilt sein. Und da
fällt die Rolle des ›Componisten‹, des ›Arbeitens‹
mir zu.« Sie soll von nun an seine Musik als die
ihre ansehen. Was er verlangt, ist ihre Selbst-
aufgabe. Alma ist schockiert, aber sie kapituliert,
heiratet und wird Mutter. Dieses Leben geht
nicht lange gut. Zuerst kommt der innere Unfrie-
den: »Ich kann mich ... nicht nur mit meinem
Kind beschäftigen. ... Kein Mensch versteht's.
Jeder glaubt mich glücklich«, schreibt sie verzweifelt. Nur Ehefrau und Mutter zu sein, das
kann sie nicht. Sie klagt, sie führe nur »ein
Scheinleben ... Meine innere Unterdrücktheit
ist zu groß: Mein Schiff ist im Hafen. Aber leck.«
Aber wenn sie ihre Kompositionen spielt, ihre
Klaviersonaten, ihre Lieder, dann »fühle (ich) es
wieder – Das! Das! Das! ... ich brauche meine
Kunst!« Was sie will, kann sie nicht leben. Ihr
fehlen die Vorbilder, denn Frauen wie Fanny
Mendelssohn und Clara Schumann werden erst viel später als Komponistinnen entdeckt.
Zudem ist sie sich nicht sicher, dass Frauen Genies sein können. So wünscht sie sich:
»Ach, nur ein Mann sein!« In diese Zerrissenheit zwischen der von ihr erwarteten Rolle
und einem eigenen Künstlerleben wird 1904 ihre zweite Tochter Anna geboren. »Sie war
uns vom ersten Moment an eine große Freude«, schreibt sie. Doch dieser erste Moment
des Glücks vergeht schnell. Alma Mahler hadert wieder mit ihrem Leben als Mutter und
Ehefrau: »Kinder – Gustav. Gustav – Kinder! ... Mir ist oft, als ob man mir die Flügel
beschnitten hätte.« Und sie weiß, dass sie deshalb für ihre kleinen Töchter Maria und
Anna »nicht die rechte Liebe« hat.

Als Gustav Mahler 1911 stirbt, ist seine Tochter Anna sieben Jahre alt. Es beginnt ein neues Leben, eine andere Zeit – nämlich die symbiotische Beziehung mit ihrer Mutter. Alma ist nach dem Tod Mahlers zunächst untröstlich: »Ich wollte ihm nachsterben!« Die kleine Tochter findet ihre Mutter Tag für Tag weinend im Bett, mit einem Foto Mahlers sprechend. In ihrem Schmerz sucht Alma Trost bei ihrer Tochter Anna, »sie war mir in jedem Sinne … Freude und Mitfühlende«, jetzt kann sie sich ihr zuwenden; sie haben nur noch sich allein und vergraben sich mit ihrer Trauer in der Musik: »Wir hatten das sonderbarste Leben. Wir waren den ganzen Tag am Klavier. Wenn wir zum Essen gerufen wurden … sind wir wütend vom Klavier weggelaufen, zum Tisch, haben hineingeschlungen und wieder weg.« Die kleine Tochter kann Klavier, Cello und Geige spielen, und sie singt vom Blatt. Sie assistiert der Mutter bei ihren einsamen Konzerten: »Die Kindheit mit ihr war größtenteils Musik«, erinnert sich Anna Mahler.

Nach dem Tod Gustav Mahlers macht Alma Mahler aus ihrem Leben ein Kunstwerk, sie ist Mitschaffende, Muse, Anregerin, Verwalterin und Gegenstand der Kunst für Gustav Mahler, Oskar Kokoschka, Franz Werfel. Komponistin hatte sie werden wollen, ihre Lebensleistung besteht in der Komposition ihrer eigenen Legende – ein Meisterwerk. Dirigentin hatte sie werden wollen und stellt am Ende ihres Lebens fest, dass sie ihr »Leben selber in die Höhe dirigiert« hat. Für ihre Tochter ist dieses Leben keine Idylle, denn Alma Mahler ist unberechenbar. Ständig schwankt sie zwischen extremen Gefühlen: »Oskar Kokoschka ist mir abhanden gekommen … Sterbetag Gustav Mahlers … liebt Gropius mich genug? … Ich fühle mich ganz entwurzelt … ich begreife gar nichts mehr. Ich liege im Bett und weine, und mein Kind, Anna, ist fassungslos, sie weiß nicht, was sie denken soll. Dieser junge Mensch ist mir ein Segen. Daran allein sollte ich mich halten. Aber zu sehr weiß ich, dass so ein junger Mensch einen nicht braucht.« Sie teilt ihre Verzweiflung mit Anna und überfordert sie damit. Anna ist gerade erst elf Jahre alt. Den Schmerz der Tochter, die ihre Mutter immer wieder an Liebhaber und Stiefväter verliert, sieht Alma Mahler nicht.

In diesem Drama spielen Liebe, Verachtung und Hass einer Mutter die Hauptrolle, die ihrem Kind eins nie verzeihen kann: »Es ist ein solcher Schmerz für mich, eine 150 % Jüdin aus mir geboren zu haben. … Sie ist mir artfremd.« Ihr antisemitisches

»Wir waren den ganzen Tag am Klavier. Wenn wir zum Essen gerufen wurden … sind wir wütend vom Klavier weggelaufen, zum Tisch, haben hineingeschlungen und wieder weg.«

Ressentiment hatte Alma Mahler schon in ihrer Jugend angenommen, es hinderte sie nicht daran, Gustav Mahler und Franz Werfel zu heiraten, sie zu lieben, aber auch zu quälen und zu verachten. Jüdisch sein, das ist etwas, das Anna nicht ändern kann. So sind alle Versuche, die Liebe ihrer Mutter zu erringen, vergebens. Und sie muss erleben, dass ihre Mutter eine andere Tochter lieben kann, Manon, ihre idealisierte Halbschwester. Der Grund dafür ist allein, dass Manon Gropius keinen jüdischen Vater hat.

Aus dieser tiefen Kränkung entwickelt Anna Mahler eine große innere Unabhängigkeit. Sie grenzt sich ab, schweigen anstatt sich mitzuteilen, unangreifbar sein ist ihre Strategie, nicht kämpfen – das ist ohnehin vergebens –, aber eigensinnig sein. Doch ihre Versuche, sich selbst zu behaupten, enden in Dramen: »Das hat wirklich furchtbare Situationen zu Hause mit der Mami gegeben, die einfach ins Bett gegangen ist und geheult hat – weil sie das als Verrat empfunden hat.« An sich selbst zweifelt Alma Mahler-Werfel nie, sie ist grandios und absolut von sich selbst überzeugt: »Was auch immer sie tat, sagte, schrieb, war in ihren Augen richtig, weil sie es war, die das tat.«

Anna Mahler will sich von dieser Mutter distanzieren, ihrem Einflussbereich entfliehen, und fällt lange in die immergleichen Muster, die sie von ihrer Mutter kennt. Wie Alma ist sie schön, sehr musikalisch, hat einen umwerfenden Charme und äußerst faszinierende große, veilchenblaue Augen, die ihr gleich nach der Geburt den Kosenamen »Gucki« eintragen. Sie probiert das Leben ihrer Mutter an: Sie heiratet fünfmal, bedeutende Männer, sie hat verschiedene Liebschaften. Gleichzeitig sucht sie die Freiheit und nach dem Weg, als Künstlerin zu leben. Mit knapp 17 Jahren heiratet sie den kaum älteren Rupert Koller. Die Ehe ist der Versuch, eine andere, bessere Mutter zu finden. »Mein geliebtes Mutti, denn das bist Du wirklich«, schreibt sie an Broncia Koller. Die Ehe scheitert nach wenigen Monaten, und Anna kehrt zu ihrer Mutter zurück. Mit der nächsten Heirat kopiert sie ihre Eltern. Nun schreibt Anna Mahler dem Komponisten Ernst Krenek die Noten ab. Schon vor der Ehe ahnt sie, dass sie in eine Sackgasse läuft, und fleht ihre Mutter um Hilfe an: »Mami, bitte erfinde etwas, damit ich nicht heiraten muss.« Alma Mahler stellt lapidar fest: »Leider war ich nicht einfallsreich genug.« Die Ehe hält nur ein paar Monate. 1929, da ist sie 25 Jahre alt, heiratet sie standesgemäß – den Verleger Paul Zsolnay – und wird Mutter. Glücklich ist sie nicht. Sie braucht fünf Jahre, um aus dieser Ehe auszubrechen und als Künstlerin zu leben. Dabei ist sie konsequent: Die vierjährige Alma lässt sie beim Vater und besucht sie nur selten. Schuldgefühle dafür behält sie immer. Noch gelingt das Leben als Künstlerin nicht. Sie heiratet noch einmal, den Komponisten Anatole Fistoulari, und bekommt eine zweite Tochter, Marina. Wieder unterstützt und arbeitet sie für sein Werk. Erst nach der vierten Scheidung lebt sie ihr eigenes Leben – allein. Nach vielen Umwegen ist sie angekommen: »Ich bin in mir selbst zu Hause.« Aus dem Alleinsein bezieht sie ihre Kraft, doch den Schatten ihrer Mutter wird sie nicht los. Alma Mahler-Werfel ermöglicht ihrer Tochter eine Ausbildung als Malerin und Bildhauerin und unterstützt sie finanziell. Anna Mahler wird eine ernsthafte Künstlerin und lebt das, was ihre Mutter nicht leben konnte. Dieses Leben ist gleichzeitig ein Versuch, endlich die Aufmerksamkeit und Liebe der übermächtigen Mutter zu erlangen: »Man wollte ihr Dinge darbieten, Erfolg zum Beispiel.« Gleichzeitig hat sie Angst, an den hohen Ansprüchen der Mutter zu scheitern, eine lebenslange Hypothek. Ihr Liebhaber Elias Canetti charakterisiert sie so: »Eine Puppe an bösen Drähten.«

In ihrem Atelier modelliert sie zuerst Köpfe und Büsten von Schriftstellern und Musikern, Menschen aus dem gesellschaftlichen Umfeld der Mutter. Durch ihre Arbeit behauptet sie aber gegenüber den prominenten Modellen einen eigenen Standpunkt. Sie kommuniziert mit ihnen auf Augenhöhe, nicht als Tochter von Gustav und Alma Mahler. Ihre Mutter porträtiert sie nie: »Manchmal habe ich mich selbst gewundert, warum unter den vielen Köpfen, die ich modelliert habe, der Kopf meiner Mutter fehlt. Sie war eine bekannte Schönheit … sie war eine starke Persönlichkeit … eine

»Ich hab' mich nie in einen Streit mit ihr eingelassen. Nie. … Ich habe eine Sauangst vor ihr gehabt.«

»Entsetzlich. Sie hat mich verachtet,
ich habe keinen Erfolg gehabt, kein Geld …
Und ich weiß, sie hat mich geliebt.«

vielversprechende Musikerin … Als junge Bildhauerin hatte ich Angst. Und später … schiebt sich das Bild meiner Erinnerung störend dazwischen.« Alma war auf keinen Fall zufriedenzustellen, das weiß sie, und Konflikten mit der Mutter geht sie aus dem Weg.

Erfolg hat Anna Mahler erst, als sie ihr Material gefunden hat: »Ich dachte zuerst, dass eine Frau meiner Statur nicht in Stein arbeiten könnte. Aber dann versuchte ich es, und es ging, und es war ein großes Vergnügen.« Als Steinbildhauerin zu arbeiten, ist für eine Frau eine unerhörte Sache, es gibt kaum eine andere in ihrer Generation. 1937 erlebt sie mit *Die Stehende* ihren ersten internationalen Auftritt auf der Pariser Weltausstellung und erhält ein »Diplôme de Grand Prix«. Unbeirrt und unbeeindruckt von der zeitgenössischen Kunst meißelt sie. Es entstehen weibliche Figuren, 1954 das Duo *Liegende*: Mutter und Tochter liegen hier einander zugewandt, sie sind beinahe verschmolzen. Ist dies Ausdruck ihrer Sehnsucht nach einem harmonischen Verhältnis, nach Verständnis? Anna Mahler beschreibt ihre Skulptur so: »Zwei Frauen. Eine von ihnen älter als die andere. Die ältere vielleicht sprechend. Die jüngere zuhörend, vielleicht. Das ist jedoch alles, was man über das Thema sagen kann. Es gibt keine Geschichte. Es könnte sein, dass das Thema nicht sehr wichtig ist.« Es ist das Thema ihres Lebens, und das weiß sie auch: »Wenn ich meine eigenen Ursprünge als Künstler erforschen wollte … so müssen sie gerade da sein, wo man sie am letzten vermuten würde: in der Atmosphäre und in den Werken, unter denen ich zwischen 1910 und 1925 aufwuchs.«

Die Bildhauerei ist die einzige Konstante in ihrem Leben – Obsession und Rettung. Es ist ihr Versuch, etwas Eigenes gegen das als übermächtig empfundene Werk des Vaters und die überaus dominante Persönlichkeit der Mutter zu setzen und aus dem Schatten dieser Giganten zu treten. Ihre monumentalen Skulpturen sagen unübersehbar: Hier bin ich, hier ist mein Werk! Anna Mahler schuf ein Werk, das ganz für sich stehen kann und ihr einen Platz in der zweiten Reihe als Bildhauerin des 20. Jahrhunderts sichert.

Mit 46 Jahren trifft sie Albrecht Joseph, der Mann, der sie als Künstlerin respektiert und fördert. Eine Beziehung auf Augenhöhe – für 38 lange Jahre.

Und ihre Mutter? Kann sie die Tochter jetzt endlich anerkennen? »Anna, an deren Talent als Künstlerin ich nie gezweifelt hatte, hat sich außerordentlich gut entwickelt. Sie war nun endgültig Bildhauerin geworden und hatte eine Reihe ganz hervorragender Skulpturen geschaffen. … sie hatte sich so ziemlich durchgesetzt.« Diese, wenn auch verhaltene Anerkennung – ist das nun das gute Ende einer schwierigen Mutter-Tochter-Beziehung? Als Alma Mahler alt und allein ist, nur noch die Witwe berühmter Männer, überschreitet sie das Maß an Hass und Verachtung gegenüber ihrer Tochter noch einmal. Es beginnt mit einer halben Entschuldigung: »Wenn ich dich gekannt hätte, wie ich dich jetzt kenne, hätte ich dich nicht so schlecht behandelt.« Anna Mahler ist über diese späte Erkenntnis bestürzt: »Das hat mich so furchtbar schockiert, weil ich nicht wusste, dass sie mich schlecht behandelte, und dass sie es bewusst tat. … Ich dachte, es wäre einfach ihr Naturell. Meine Tigermami eben, aber nein, sie machte es absichtlich, und das war ein Schock. … da war ich doch baff, wie furchtbar sie sein kann.« Alma Mahler ist jetzt hilfebedürftig und auf ihre Tochter angewiesen, die bitter resümiert: »… umso seniler Mami ist – umso mehr bewundert sie mich. Ich kann nicht behaupten, dass es mir jetzt viel bedeutet.«

Alma Mahler-Werfel stirbt am 11. Dezember 1964 mit 85 Jahren. Sie bleibt sich treu, bis zum Schluss. Als Anna sie ein letztes Mal umarmen will, »hat sie mich weggestoßen und mich auf die Erde geworfen; sie wollte von niemandem Hilfe haben«. Den Tod der Mutter empfindet Anna als Befreiung. Sie fühlte sich danach »wie ein Vogel, der endlich fliegen gelassen wird«, beschreibt es eine Freundin. Anna Mahler ist nun finanziell unabhängig, und künstlerisch beginnt ihre produktivste Zeit. Wenn sie an ihre Mutter denkt, schwankt sie zwischen Bitterkeit und Trotz: »Sie hat mich verachtet … Und ich weiß, sie hat mich geliebt.«

Alma Mahler: Vier Lieder für mittlere Stimme und Klavier, Titelseite des Notendrucks mit einer Illustration von Oskar Kokoschka, 1915

Marie Curie

1867–1934, Physikerin und Chemikerin, Nobelpreisträgerin

Irène Joliot-Curie

1897–1956, Physikerin und Chemikerin, Nobelpreisträgerin

»Ich stand sehr unter dem Einfluss meiner Mutter, die ich liebte und zutiefst bewunderte«

Irène und Marie Curie
im Radium–Institut,
Paris, 1921

Am 11. Dezember 1911 erhält Marie Curie in Stockholm den Nobelpreis für Chemie. Sie ist nicht nur die erste Nobelpreisträgerin der Welt, sondern auch die erste und bis heute einzige Frau, die diese Auszeichnung zweimal erhalten hat. Bereits im Jahr 1903 hat sie für die Entdeckung der Radioaktivität gemeinsam mit ihrem Ehemann Pierre Curie den Nobelpreis für Physik zur Hälfte zugesprochen bekommen (die andere Hälfte erhielt Henri Becquerel). Im Publikum sitzt ihre 14-jährige Tochter Irène, die nicht ahnt, dass sie fast ein Vierteljahrhundert später, 1935, am gleichen Ort zusammen mit ihrem Gatten Frédéric Joliot-Curie ebenfalls mit dem Nobelpreis für Chemie geehrt werden wird.

»Mein Vater benutzte jede Gelegenheit, um uns etwas auf dem Gebiet der Naturwissenschaft zu erläutern. Leider besaß er selbst kein Labor und konnte keine Versuche machen.« Marie Curie berichtet in ihrer *Selbstbiografie* über die Leidenschaft der Eltern für das Lernen und Lehren. Die Mutter, Bronislawa Sklodowska, und der Vater, Wladislaw Sklodowski, sind beide begeisterte Lehrer und unterrichten ihre Kinder teilweise selbst. Größten Wert legen sie dabei auf unabhängiges, kritisches und soziales Denken sowie auf frühe Selbstständigkeit. Marie, geboren als Maria Salomea Sklodowska am 7. November 1867 in Warschau, ist die Jüngste von fünf Geschwistern, einem Bruder und drei Schwestern. Den Sommerurlaub verbringen die Geschwister auf dem Land bei Verwandten der Eltern, die beide aus verarmtem polnischen Landadel stammen: »… dort erwartete uns das Herumlaufen im Walde und die fröhliche Beteiligung an landwirtschaftlicher Arbeit auf den weiten Feldern und Wiesen. Diesen Ferien verdanke ich meine Verbundenheit mit dem Land und der Natur.« Die Liebe zur Natur wird Marie später ihren Töchtern ebenso vermitteln wie die Tradition, die Sommermonate auf dem Land zu verbringen.

Bereits in früher Kindheit muss sie mit dem Verlust zweier geliebter Menschen fertigwerden. Mit 14 Jahren stirbt ihre Schwester Zofia an Typhus und zwei Jahre später, 1878, ihre Mutter an Tuberkulose. Für die Zehnjährige ist der frühe Tod der Mutter, sie wird nur 42 Jahre alt, »die erste große Sorge meines Lebens, die mich in eine tiefe Depression stürzte … Ihr Einfluss auf mich war sehr groß, da die natürliche Liebe zur Mutter sich mit einer leidenschaftlichen Bewunderung verband.« Noch fünf Jahre nach dem Tod der Mutter neigt sie zur Melancholie, und nach ihrem Schulabschluss

Diese »einsamen Jahre, die völlig dem Studium gewidmet waren«, betrachtet Marie Curie als »eine der besten Erinnerungen« ihres Lebens.

Pierre und Marie Curie im Labor, Paris, 1900

als Jahrgangsbeste erleidet sie einen körperlichen Zusammenbruch. Ihr Vater schickt sie für ein Jahr zur Erholung zu Verwandten aufs Land. Es wird das einzige Jahr in ihrem Leben bleiben, in dem sie unbeschwert und frei von Verpflichtungen ist.

Ihr Wunsch, Physik und Mathematik zu studieren, lässt sich in Polen nicht realisieren: Studentinnen sind an den Universitäten dort nicht zugelassen. In Paris hingegen ist dies möglich, doch muss sie sich das Geld für das Studium erst verdienen. So arbeitet sie zunächst sechs Jahre als Gouvernante bei verschiedenen Familien in Polen – eine harte und entbehrungsreiche Zeit. In Paris kommt die inzwischen knapp 24-jährige Marie – so nennt sie sich seit ihrer Ankunft in Frankreich – erst bei ihrer Schwester Bronia und deren Familie unter, bevor sie in die Nähe der Universität Sorbonne in ein kleines Dachzimmer zieht. Um Geld zu sparen, macht sie alles im Haushalt selbst und setzt sogar ihre wenigen Möbel eigenhändig instand. Trotzdem betrachtet Marie diese »einsamen Jahre, die völlig dem Studium gewidmet waren und die mit der Erreichung des Zieles endeten, das mir so lange vorgeschwebt hatte«, zeitlebens als »eine der besten Erinnerungen«.

Während des Studiums lernt sie den Physiker Pierre Curie (1859–1906) kennen und lieben. 1895 heiraten die beiden. Von Beginn an sehen sie sich als gleichberechtigtes Forscherteam. Sie tauschen sich aus, nehmen lebhaften Anteil an der Arbeit des anderen und widmen der Forschung ihr gemeinsames Leben.

Mit einer Flasche Champagner – im Haushaltsbuch von Marie Curie unter dem Titel »außerordentliche Ausgabe« verzeichnet – wird die Geburt des Wunschkindes, der ersten Tochter Irène, am 12. September 1897 gefeiert. Marie Curie legt ein Notizbuch, das »Irène-Heftchen«, an, in dem sie die nächsten 15 Jahre die Entwicklung der Tochter dokumentiert. Denn Beobachten und Aufzeichnen gehört zu Maries Lebensweise, zu Hause ebenso wie im Labor. Auch für ihre zweite Tochter Eve Denise, die 1904 zur Welt kommt, wird sie ein solches Tagebuch führen. Nach dem Wochenbett setzt Marie Curie ihre Arbeit fort, denn »zwischen Familienleben und der wissenschaftlichen Laufbahn zu wählen«, kommt für die Forscherin nicht in Frage. Eine große Hilfe ist ihr Schwiegervater, Eugènie Curie. Ohne seine ständige Unterstützung, aber auch ohne die Hilfe eines Kindermädchens sowie gelegentlich einer Köchin hätte sie ihre Arbeit nicht fortführen können. Trotzdem bleibt dieses Leben eine große Herausforderung, wie sie 1905 ihrem Bruder nach Polen schreibt: »Ich habe viel Arbeit, mit dem Haushalt, den Kindern, dem Unterricht und dem Laboratorium, und ich weiß nicht, wie ich das alles schaffen soll.«

Zwar entspannt sich die finanzielle Situation der Familie nach der Verleihung des Nobelpreises im Jahr 1903 und dem damit verbundenen Preisgeld, aber trotzdem verzichtet Marie Curie nicht auf das Unterrichten an einer Schule. Sie liebt die Arbeit mit den jungen Schülerinnen: »Sämtliche Mädchen arbeiteten sehr fleißig, so dass mir die Anleitung ihres Physikstudiums Freude bereitete.« Es ist auch der Versuch, sich dem neuen Status als »weltberühmte Madame Curie« zumindest zeitweilig zu entziehen, ein Stück Normalität im Alltagsleben beibehalten zu können.

Nur zweieinhalb Jahre später stürzt sie der plötzliche und völlig unerwartete Tod von Pierre Curie, der am 19. April 1906 beim Überqueren einer Straße von einem Pferde-

Marie Curie mit ihren Töchtern Eve und Irène, 1905

fuhrwerk überrollt wird, in tiefe Verzweiflung. In ihrem Trauertagebuch, das Marie Curie ein Jahr lang führt, versucht sie den Verlust zu verarbeiten. Besondere Qualen bereitet ihr, dass sie sich an Pierre Curies Todestag für einen Ausflug mit Irène entschieden hatte, trotz seines Wunsches, sie möge mit ihm ins Labor gehen: »Nichts hat meine Ruhe mehr gestört.« Marie Curie ist untröstlich: »Auf der Straße gehe ich, als wäre ich hypnotisiert, ohne mich zu kümmern, was rings um mich geschieht. Ich werde mich nicht töten, ich habe nicht einmal den Wunsch nach Selbstmord. Kann es aber unter diesen Wagen nicht einen geben, der mich das Schicksal meines Geliebten teilen lassen will?« Erst nach einem Monat kann sie wieder zur Arbeit in das Labor mit all den darin lebendigen Erinnerungen zurückkehren. Dann aber widmet sie sich wieder ganz der Forschungsarbeit und akzeptiert das Angebot der Sorbonne, die Professur ihres Mannes zu übernehmen. Sie ist die erste Frau in Frankreich, die Professorin wird.

»Zwischen Familienleben und der wissenschaftlichen Laufbahn zu wählen«, kommt für die Forscherin nicht in Frage.

Die achtjährige Irène reagiert ebenfalls zutiefst verstört auf den Tod des Vaters: »Zuerst hat sie es nicht verstanden und hat mich fortgehen lassen, ohne etwas zu sagen. Zu Hause hat sie viel geweint … Sie hat nach keiner Einzelheit gefragt und sich … gefürchtet, von ihrem Vater zu sprechen.« Über den Vater zu reden, bleibt ein Tabu zwischen Mutter und Tochter.

Nach dem Tod des Vaters kümmert sich Marie Curie aufmerksamer um ihre Töchter. Ihre Einträge in den Notizbüchern sind länger und voller Stolz über alles, was ihre Töchter bewerkstelligen. Trotzdem, Marie Curie kann ihnen keine unbeschwerte Mutter mehr sein: Ihr Leben sei »so zerstört«, schreibt sie 1907 an eine Freundin, »dass es sich nie mehr einrichten wird. So ist es, so wird es bleiben, und ich werde nicht versuchen, es zu ändern. Ich habe den Wunsch, meine Kinder so gut wie nur irgend möglich zu erziehen, doch sind auch sie nicht imstande, mich zum Leben zu erwecken. … Ich tue, was ich kann, um ihnen Gesundheit und Widerstandskraft ins Leben mitzugeben.«

Die positive Rolle im Haushalt übernimmt nun ihr Schwiegervater, der bereits seit einigen Jahren bei den Curies wohnt und sich liebevoll um seine Enkelinnen kümmert. »Der Umgang mit ihm«, schreibt Eve Curie in ihrer 1937 erschienenen Biografie über ihre Mutter, »der Maries Leben so erleichtert, ist auch für die Kinder eine wahre Freude. Ohne den alten Mann mit den hellen Augen hätten sie eine verdüsterte Kindheit gehabt. Er ist der Spielkamerad, der Lehrer, weit mehr als die Mutter, die stets im Laboratorium festgehalten wird … Eve ist noch zu klein, um ihm wirklich näherzutreten, doch ist er der unvergleichliche Freund der Älteren … er ist es, der ihr geistiges Leben in entscheidender Weise beeinflusst. Das seelische Gleichgewicht der jetzigen Irène Joliot-Curie, ihre Abneigung, sich Kummer und Schmerz hinzugeben, ihr den Realitäten des Lebens zugewandter Sinn, selbst ihr Antiklerikalismus und ihre politischen Sympathien hat sie unmittelbar von ihrem Großvater übernommen.«

Als der Großvater nach langer Krankheit 1910 stirbt, trauert Irène sehr um ihn, wie Marie Curie in ihrem Notizbuch vermerkt: »Sie ist tief erschüttert. Ihr Schmerz geht tief … Während des ganzen Jahres hat sie viel geweint, … Angst gehabt, sie könnte auch mich noch verlieren, sich mehr denn je an mich gehängt. Sie leidet und reift.« Die Sehnsucht der Tochter nach der Mutter drückt sich in den vielen liebevollen Briefen aus, die sie an »Mé«, wie sie ihre Mutter zärtlich nennt, schreibt: »Ich werde sehr glücklich sein, wenn Du kommst, denn ich brauche unbedingt jemanden zum Knuddeln … Ich küsse Dich von ganzem Herzen auf Deine schöne, müde Stirn, vielleicht tut es Dir gut.«

Die Beziehung zwischen Mutter und Tochter wird in den folgenden Jahren intensiver, sicherlich auch, weil sich Irène wie ihre Mutter seit ihrer frühen Kindheit für die Naturwissenschaften begeistert. Bewähren wird sie sich im Ersten Weltkrieg. Marie Curie organisiert erstmals einen fahrbaren Röntgendienst für die französischen Lazarette. Sie preist »die Hingabe und den guten Willen« ihrer Tochter, die erst 17 Jahre alt ist, »und doch so sehr von dem Wunsch erfüllt war, ihre Bürgerpflicht zu erfüllen«. Irène »tat, was sie konnte, um mir unter den unterschiedlichsten Bedingungen zu helfen«, und ist in einem Maße begabt mit den Eigenschaften »der Vernunft, der Energie und der Ausgeglichenheit, wie man es in ihrem Alter selten findet«. Die Partnerschaft und Arbeitsgemeinschaft zwischen Mutter und Tochter, die im Ersten Weltkrieg entsteht, bleibt bis zum Tod Marie Curies erhalten.

Wie ihre Mutter arbeitet Irène hart und viel. Neben ihrer Tätigkeit als Ausbilderin der Röntgenassistentinnen besteht sie ihre Prüfungen an der Sorbonne mit Auszeichnung: 1915 in Mathematik, 1916 in Physik, 1917 in Chemie. Nach Kriegsende 1918 wird sie in dem von ihrer Mutter aufgebauten Radium-Institut zur Assistentin ernannt. Keine Frage, nun ist sie endgültig in ihre Fußstapfen getreten. Entschlossen schlägt sie die wissenschaftliche Laufbahn als Physikerin ein. Auch bei der Wahl ihres Partners zeigen sich Parallelen zur Mutter. Irène Curie heiratet 1926 den drei Jahre jüngeren Physiker Frédéric Joliot (1900–1958), den sie am Institut kennengelernt hat. Sie wählt damit das mütterliche Ehemodell. Die Liebe zur Arbeit verbindet das Ehepaar Joliot-Curie ebenso wie im Privatleben die Freude an der Natur und am Sport. Und auch für Irène Joliot-Curie schließen sich mit der Geburt ihrer Kinder Hélène, geboren 1927, und Pierre, geboren 1932, Beruf und Mutterschaft keineswegs aus.

Nach der Heirat verändert sich für Marie Curie die Beziehung zur Tochter: »Wir waren lange Zeit so eng verbunden. Natürlich sehen wir einander oft, aber das ist nicht dasselbe.« Nach anfänglicher Distanz wird das Verhältnis zum Schwiegersohn herzlicher. Viermal wöchentlich essen sie bei der Mutter zu Mittag, die Atmosphäre beschreibt Irène Joliot-Curie so: »Meine Mutter und mein Mann debattierten oft so hitzig, die Fragen und Antworten flogen so schnell hin und her, dass ich kaum zu Wort kam und sehr hartnäckig sein musste, wenn ich meine Meinung äußern wollte.« Das Paar erinnert Marie Curie an ihre eigene Partnerschaft mit Pierre Curie: Auch Frédéric Joliot ist Physiker, begeistert sich für Geräte und Instrumente wie Pierre Curie, während Irène wie ihre Mutter mehr zur Chemie neigt. Wie Marie und Pierre Curie bilden sie ein erfolgreiches Forscherteam, das 1935 für die Entdeckung der künstlichen Radioaktivität mit dem Nobelpreis

Irène Joliot-Curie vor
dem ersten Atomreaktor
Frankreichs, 1948

für Chemie ausgezeichnet wird. Marie Curie erlebt zwar nicht mehr die Verleihung des Nobelpreises, aber dafür die Entdeckung selbst im Januar 1934. Ihre große Anteilnahme schildert ihr Schwiegersohn: »Nie werde ich den Ausdruck tiefster Freude vergessen, die sie überkam, als Irène und ich ihr das erste (künstlich erzeugte) radioaktive Element in einem Glasröhrchen zeigten. Ich sehe sie noch vor mir, wie sie, schon ziemlich schwach, dieses kleine Röhrchen mit dem Radioelement in ihre radiumzerstörten Hände nahm. Um zu überprüfen, was wir da erzählten, führte sie den Geigerzähler nahe daran, und sie konnte das Klicken hören ... Es war ohne jeden Zweifel die letzte große Freude ihres Lebens.«

Am 4. Juli 1934 stirbt Marie Curie im Alter von 66 Jahren in einem Sanatorium im Kreise ihrer Familie an Leukämie und damit an den Folgen der Strahlungen, denen sie jahrzehntelang ausgesetzt war. 22 Jahre später, am 17. März 1956, im Alter von nur 58 Jahren, stirbt ihre Tochter an der gleichen Krankheit. Beide, Mutter und Tochter, haben die Gefahren der Strahlung, der sie permanent ausgesetzt waren, nicht erkannt. Zu spät offenbaren sich die verheerenden Auswirkungen der Strahlung auf die Gesundheit, werden schützende Maßnahmen Pflicht.

Kurz vor ihrem Tod schreibt Irène Joliot-Curie über ihre Beziehung zu ihrer Mutter: »Ich stand sehr unter dem Einfluss meiner Mutter, die ich liebte und zutiefst bewunderte ... Dennoch war ich ganz anders als sie, ich ähnelte mehr meinem Vater, und das ist vielleicht einer der Gründe dafür, warum wir uns so gut verstanden, obwohl wir die Sachen manchmal ganz verschieden sahen.«

Mutter und Tochter, Marie Curie und Irène Joliot-Curie, sind bis heute die Einzigen, die beide mit dem Nobelpreis ausgezeichnet wurden.

Johanna Blamauer

1868–1951, Wäscherin

Lotte Lenya

1898–1981, Schauspielerin, Sängerin

Johanna Blamauer

»… versuch du, etwas Besseres aus deinem Leben zu machen«

Lotte Lenya

Im September 1948 besucht Johanna Blamauer gemeinsam mit ihrer jüngsten Tochter Maria Hubek das erste und einzige Mal ihre Tochter Lotte Lenya in den USA. Sie haben sich seit 1933 nicht mehr gesehen: »Mir erschien sie als die am wunderbarsten angepasste Frau, die ich je gekannt habe: bescheiden in ihren Wünschen, auf niemanden neidisch, am Ende eines langen harten Lebens angekommen und ohne jeglichen Anflug von Selbstmitleid. ... Auf meine Frage, ob sie gern noch einmal käme, sagte sie: ›*Aber ja!*‹ Wir umarmten uns. Für eine flüchtige Sekunde begegneten sich unsere Blicke zum Abschied zwischen einer Mutter und einer Tochter, die sich nie wieder sehen sollten.«

Johanna Teuschl ist 25 Jahre alt, als sie 1893 den achtundzwanzigjährigen Franz Blamauer heiratet. Ihre Familie stammt aus einem kleinen Ort, achtzig Kilometer westlich von Wien, wo sie zunächst als Kellnerin arbeitete, bevor sie nach Wien zieht und dort ihr Geld als Wäscherin verdient. Auch nach der Hochzeit sichert sie mit diesem Beruf den Familienunterhalt, da ihr Mann als Ausfahrer für einen Blumenhändler nur sehr wenig verdient. 1894 bringt Johanna Teuschl ihre erste Tochter zur Welt. Als diese kurz vor ihrem vierten Geburtstag stirbt, ist der Kummer des Vaters über den Verlust so groß, dass er zum chronischen Alkoholiker wird. 1897 wird ein Sohn geboren, und am 18. Oktober 1898 kommt ein zweites Mädchen zur Welt, das auf Wunsch des Vaters zur Erinnerung an die verstorbene Tochter auf den Namen Karoline getauft wird. Es folgen 1900 ein weiterer Sohn und 1906 eine dritte Tochter.

1903 ziehen die Eheleute mit ihren Kindern in zwei kleine Zimmer. Sie essen und schlafen hier, Johanna wäscht, bügelt, sortiert und bündelt die Wäsche in der Küche, und oft nehmen sie auch noch einen Schlafgänger auf. Karoline, genannt Linnerl, wird seit frühester Kindheit vom Vater geschlagen. Als Erwachsene versteht Karoline, dass der Auslöser für diese Brutalität der Verlust der ersten Tochter war: »Sie war der Liebling meines Vaters gewesen. Im Vergleich mit ihr schnitt ich immer schlechter ab. Das erste Linnerl war ein hübsches Kind mit Grübchen und goldenen Locken, das dem bewundernden Vater immer vorgetanzt und vorgesungen hatte. Für mich, das zweite Linnerl, das so anders aussah und ihn immer an die geliebte Tochter erinnerte, hatte er nur manischen Hass übrig. Allzu oft, in allzu vielen Nächten kam er heimgetorkelt, zog mich aus dem Bett, schüttelte mich wach und zwang mich zu singen und zu tanzen, als wolle

»Für eine flüchtige Sekunde begegneten sich unsere Blicke zum Abschied zwischen einer Mutter und einer Tochter, die sich nie wieder sehen sollten.«

er damit seine Erstgeborene wieder zum Leben erwecken. ... Oft bekam er schon bei
meinem Anblick eine blinde Wut, dann verfolgte er mich mit Flüchen und Schlägen.«

Ganz gleich, ob Linnerl seine Forderungen prompt erfüllt oder dem Vater aus
dem Weg geht, um ihn friedlich zu stimmen: Seine Anerkennung oder gar Liebe zu
gewinnen, gelingt ihr nie. »Mein Gott, wie viel Hass und Wut muss (mein Vater) auf mich
gehabt haben«, vermerkt sie in ihren Erinnerungen. Nur selten kann sie die Mutter vor
dieser traumatischen Situation schützen. »Und da lag ich dann in meinem Bett, zitternd
vor Angst, dass er mich wieder rausholen würde. Aber meine Mutter, die ich sehr liebte,
kam mir zur Hilfe, sie legte das Brett über mein Bett, damit er mich vergaß. Dieses Bett
war eine Holzkiste ... und diente tagsüber als Bügelbrett. ... Unter meinem Brett war
ich nicht da für meinen Vater, wenn er ... aufstand und nach seinen Stiefeln schrie. ...
Wenn er dann endlich die Tür hinter sich zuschlug, ... hob Mutter das Brett von meinem
Bett und sagte sanft: ›Linnerl, nun kannst du aufstehen.‹«

Karoline spricht über ihre Mutter immer nur mit Bewunderung und Liebe,
obwohl diese sie kaum vor den körperlichen Züchtigungen und Brutalitäten ihres Ehemannes bewahren konnte: »Meine Mutter hatte wunderbare lebhafte Augen, einen
forschenden Blick und einen breiten sinnlichen Mund. Mein Vater entwickelte sich zu
einem brutalen Säufer, zu einem Schürzenjäger und miserablen Familienversorger, aber
meine Mutter war nicht der Typ von Frau, der wegen dieses permanenten männlichen
Fehlverhaltens den Kopf in den Gasherd gesteckt hätte. Im Großen und Ganzen war sie
eine Frohnatur, robust und furchtlos; sie hatte einen starken Widerwillen gegen jede
Rührseligkeit. Außerdem war sie eine sehr weibliche Frau, die alle weiblichen Tricks

kannte und über eine unterschwellig wirkende Anziehungskraft verfügte, durch die sich alle Männer zu ihr hingezogen fühlten. Allerdings hatte sie nicht viel Zeit für irgendwelche Liebhaber.«

Die Tochter genießt die Stunden, die sie mit ihrer Mutter verbringen kann: »Ab und zu sah meine Mutter, wenn ich mit der Wäsche half, zu mir hinüber, lächelte und sagte: ›Linnerl, versuch du, etwas Besseres aus deinem Leben zu machen‹, und ich sagte dann: ›Ja, Mutter, ich werde es versuchen.‹ Einmal bat ich meine Mutter: ›Sag mir, dass ich hübsch bin!‹ Ich erinnere mich, dass meine Mutter sich im Stehen zurückbog, mich mit diesen unglaublich flinken Augen betrachtete und sagte: ›Nein, Linnerl, hübsch bist nicht, aber den Männern wirst gefallen.‹«

Ihre Mutter erfüllt ihr auch den Wunsch, in einem kleinen Zirkus aufzutreten: »… meine Mutter freute sich für mich, denn sie wusste, wie verrückt ich darauf war, ›zum Theater‹ zu gehen.« Karoline tanzt, singt und lernt das Balancieren auf einem Drahtseil.

Ab 1904 besucht sie die Volksschule und wechselt drei Jahre später aufgrund guter Leistungen auf eine »elegante ›Begabtenschule‹«, wie sie die Bürgerschule nennt. Dort wird ihr ein erstes Verständnis für Kunst, Musik und Geschichte vermittelt. Mit 14 Jahren schließt sie die Schule ab und beginnt eine Lehre in einer kleinen Hutfabrik. Parallel dazu setzt sie auf eine Verdienstmöglichkeit, auf die sie sich bereits als Schülerin eingelassen hat, die Prostitution. Später spricht sie über diese Zeit mit großer Offenheit und Gelassenheit: Sie ist nicht stolz, aber sie schämt sich auch nicht. »Manche Abschnitte ihres Lebens sind nicht gerade schön«, berichtet die Berliner Freundin Margot Aufricht, »aber alles das war wichtig für die Entwicklung ihrer damaligen Persönlichkeit. Sie war, wie sie mir gestand, schon auf der Straße, noch bevor sie ihr zwölftes Lebensjahr erreicht hatte. Sie machte auf mich nicht den Eindruck, als hätte man sie dazu gezwungen, sondern im Gegenteil, dass es ihr eigener Wunsch war.«

Karolines familiäre Situation und ihr Umfeld machen sie zu einer verletzlichen Kindfrau, die auf sich selbst gestellt die Gesetze der Straße kennenlernt. Sie weiß, wie sie ihre Wirkung auf Männer gekonnt einsetzt. Unzählige sexuelle Beziehungen, mit Männern und Frauen, gehören auch weiterhin zu ihrem Leben. Vor einer tiefen emotionalen Bindung – »der Liebe« – fürchtet sie sich, sie braucht Unabhängigkeit und Freiheit. Ihr Vertrauen zu Männern ist durch die Erfahrungen mit dem Vater zutiefst erschüttert.

Im Spätsommer 1913 nutzt Karoline die Chance, dem bedrückenden Elternhaus zu entkommen. Die ältere Schwester ihrer Mutter, Tante Sophie, die »an ein weniger hartes, an ein glücklicheres Leben gewöhnt war« als Johanna Blamauer und keine eigenen

Kinder hat, nimmt sie mit nach Zürich: »Ich versuchte, mich bei ihr beliebt zu machen, tat alles, was sie wollte, setzte meinen ganzen Charme ein. Und dann verkündete Tante Sophie, sie sehne sich danach, mich zu sich nach Zürich mitzunehmen.« Zum Abschied gibt die Mutter ihr mit auf den Weg: »Linnerl, sei g'scheit und komm nicht zurück, wenn es irgend geht!«

In Zürich ist die Situation zunächst keineswegs herzlicher als daheim, denn der Arzt, für den die Tante den Haushalt führt, lehnt den Einzug von Karoline ab. Doch nach kurzer Zeit nimmt ein befreundetes kinderloses Ehepaar Karoline bei sich auf und behandelt sie wie eine eigene Tochter. Vor allem erfüllen sie ihr den größten Wunsch, Ballett- und später Schauspielunterricht zu nehmen. »Nie habe ich einen Moment größeren Überschwangs erlebt als beim Anziehen meiner ersten Ballettschuhe.« Schon nach wenigen Wochen debütiert sie in kleinen Rollen am Züricher Stadttheater. Kurz vor Ausbruch des Ersten Weltkriegs im Sommer 1914 besucht sie ihre Familie in Wien. Die Mutter hatte sich inzwischen von ihrem Mann getrennt. Karoline wird ihren Vater nie wieder sehen, er stirbt 1928 an einer Alkoholvergiftung. Ihre Mutter heiratet 1916 ein zweites Mal, doch der 15 Jahre jüngere Ernst Heinisch, ein Matrose, ist ebenfalls Alko-holiker und gewalttätig und schlägt Mutter und Stieftochter. Erst nachdem er eine

Haftstrafe verbüßt hat, behandelt er Johanna Blamauer »sehr anständig«, sie wiederum akzeptiert weiterhin seine zahlreichen Affären.

Dank eines festen Vertrags am Thea-ter kann Karoline auch nach Beginn des Ersten Weltkriegs nach Zürich zurückkehren. Am Thea-ter wird sie von dem Regisseur Richard Révy gefördert, der sie 1922 nach Berlin holt. Hier nimmt Karoline den Künstlernamen Lotte Lenya an. Doch die wenigen Auftritte in der aufregenden Kulturmetropole können kaum das Überleben sichern, schon gar nicht in der Inflationszeit. Révy vermittelt ihr einen Kon-takt zu dem expressionistischen Dramatiker

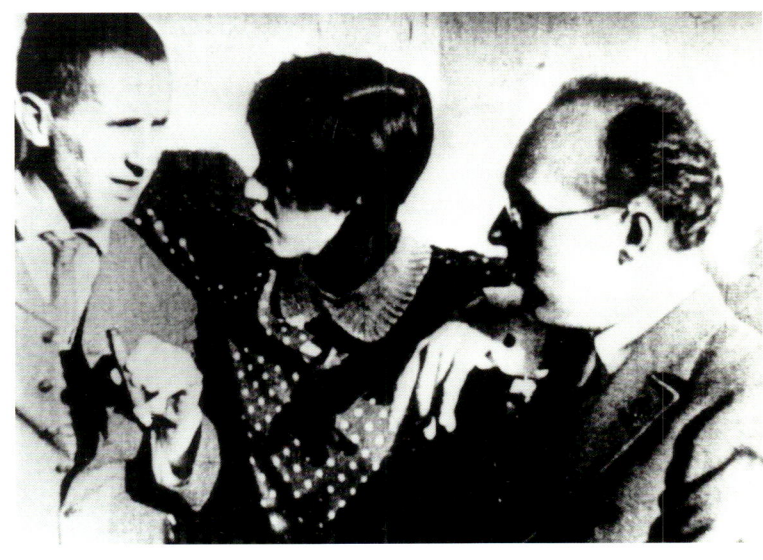

Georg Kaiser und seiner Familie. Ein Glücksfall, er engagiert sie nicht nur als Haus- und Kindermädchen, sondern über ihn lernt sie 1924 auch den jungen Komponisten Kurt Weill (1900–1950) kennen, der aus einer angesehenen jüdischen Rabbinerfamilie stammt.

Es ist der Beginn einer der ungewöhnlichsten Liebesbeziehungen in der dama-ligen Berliner Künstler- und Bohemeszene, die durch unzertrennliche Nähe ebenso wie durch turbulente Unruhe geprägt ist, wobei beide Partner offen bleiben für romantische und unzählige sexuelle Verhältnisse nebenbei. Kurt Weill ist introvertiert, ein uner-müdlicher Arbeiter und in seinen intensiven Schaffensphasen kaum ansprechbar. Das

Komponieren steht für ihn immer an erster Stelle. Lotte Lenya ist extrovertiert, impulsiv und launenhaft, aber auch verletzlich, genießt es, sich zu entspannen und zu amüsieren. Schon bald wohnen sie zusammen und heiraten 1926. »Wir lebten zwei Jahre in wilder Ehe zusammen. Geheiratet haben wir nur wegen der Nachbarn. ›Sie ist gar nicht verheiratet.‹ Huch! Ich also: ›Los Kurt, heiraten wir! Zum Teufel, was macht das schon!‹ Gesagt, getan.«

Für Kurt Weill beginnt eine ungemein produktive Phase. Lotte Lenya hingegen führt als Schauspielerin zunächst eher ein Schattendasein. Ihr Durchbruch als Seeräuber-Jenny 1928 in der *Dreigroschenoper* von Bertolt Brecht und Kurt Weill begründet dann ihren Ruhm als maßgebliche Interpretin der Brecht-Weill-Songs. Das Künstlerpaar Weill-Lenya genießt von nun an den Erfolg und die Tatsache, dass die prekäre finanzielle Situation ein Ende hat. Kurt Weill ist im Gegensatz zu seiner Frau in Gelddingen großzügig, und er ist es auch, der entscheidet, Johanna Blamauer eine monatliche Unterstützung zukommen zu lassen.

Als beide Partner wieder einmal eine dauerhafte Nebenbeziehung führen, beschließen sie Ende 1933 die Scheidung. Bereits 1935 finden sie im Exil in Paris erneut zueinander und emigrieren gemeinsam in die USA, wo sie 1937 noch einmal heiraten. Ihr Ruhm ist auch hier ungebrochen. Abgesehen von kurzen Trennungen aus beruflichen Gründen leben sie in New York und in ihrem Landhaus in New City zusammen, bis Kurt Weill am 3. April 1950 im Alter von fünfzig Jahren plötzlich stirbt.

Lotte Lenya fällt in eine tiefe Trauer und Depression. Neuen Lebensmut fasst sie mit dem Entschluss, sich von nun an ganz in den Dienst seiner Musik zu stellen. In den letzten drei Jahrzehnten ihres Lebens wird Lotte Lenya zur Hüterin des Weill'schen Erbes. Sie löst nicht nur die posthume Weill-Renaissance aus und wird als Witwe und Weill-Interpretin zur lebenden Legende, sondern erreicht in den 1960er Jahren Weltruhm durch die Oscar-Nominierung für ihre Nebenrolle in dem Film *Der römische Frühling der Mrs. Stone* sowie durch ihre Rollen der lesbischen Geheimagentin Klebb im Bond-Film *Liebesgrüße aus Moskau* und des Fräulein Schneider im Musical *Cabaret*.

Große Unterstützung findet sie nach dem Tod Weills durch den Literaturagenten und Schriftsteller George Davis (1906–1957). Er bringt sie dazu, wieder aufzutreten, und spendet Trost, als sie erfährt, dass ihre Mutter am 6. Februar 1951 mit 82 Jahren in einer

Wiener Klinik gestorben ist. Im Sommer 1951 heiraten die beiden. Doch George Davis ist nicht nur homosexuell, sondern leidet unter Depressionen und hat starke selbstzer-störerische Neigungen, die er in gewalttätigen Beziehungen zu Männern auslebt. Die beiden folgenden Ehemänner sind starke Alkoholiker. Der Maler Russell Detwiler (1926–1969), mit dem sie von 1962 bis zu dessen Tod verheiratet ist, stirbt an den Folgen eines alkoholbedingten Sturzes. Die Ehe mit dem Filmemacher Richard Siemanowski (1926–1981) hält sie weitgehend geheim. Es ist ihre letzte Ehe, und sie währt nur gut zwei Jahre, von 1971 bis 1973.

Lotte Lenya sucht in der Beziehung zu Männern zuletzt nicht mehr die Aner-kennung auf sexueller Ebene als Frau, sondern sehnt sich nach Kameradschaft. Für ihre sehr viel jüngeren Partner ist sie oft Mutterersatz, denn sie bietet ihnen Sicherheit und Verlässlichkeit, gerade auch in finanzieller Hinsicht.

Im Alter fürchtet sie sich zunehmend vor dem Alleinsein: »Ich bin keine Frau, die alleine leben kann.« In ihrem letzten Lebensjahrzehnt kümmert sich vor allem die Bildhauerin Margo Harris um sie, in deren New Yorker Wohnung Lotte Lenya am 1. Dezember 1981 im Alter von 83 Jahren an den Folgen eines langen und schweren Krebsleidens stirbt. Ihr Vermächtnis ist die unverwechselbare und hinreißende Interpretation der Weill'schen Songs, die durch sie unvergesslich geworden sind.

Lotte Lenya singt auf einem Gedenkabend zu Ehren des 75. Geburtstags von Bertolt Brecht in Frankfurt am Main, 1973

Quellen und weiterführende Literatur

Vorwort:

Sarah Blaffer Hrdy: *Mutter Natur. Die weibliche Seite der Evolution*. Berlin 2000
Sarah Blaffer Hrdy: *Mütter und Andere. Wie die Evolution uns zu sozialen Wesen gemacht hat*. Berlin 2010
Marianne Krüll: *Die Mutter in mir – Wie Töchter sich mit ihrer Mutter versöhnen*. Stuttgart 2007
Marianne Krüll: *Käthe, meine Mutter*. Rüsselsheim 2001

Olga, Ada und Vera Tschechowa

Renata Helker: *Die Tschechows. Wege in die Moderne*. Leipzig 2005
Renata Helker und Claudia Lenssen: *Der Tschechow-Clan. Geschichte einer deutsch-russischen Künstlerfamilie*. Berlin 2001
Olga Tschechowa: *Ich verschweige nichts!* Berchtesgaden 1952
Olga Tschechowa: *Meine Uhren gehen anders*. München, Berlin 1973

Berthe Morisot und Julie Manet

Denis Rouart: *Berthe Morisot. The Correspondence with her Family and Friends*. New York 1987
Julie Manet: *Das Tagebuch der Julie Manet. Eine Jugend im Banne der Impressionisten*. München, Hamburg 1989
Voss, Julia: *Die Revolution kam im zugeknöpften Kleid*. FAZ 22.5.2008
Ingrid Pfeiffer und Max Hollein (Hg.): *Impressionistinnen – Berthe Morisot, Mary Cassatt, Eva Gonzalès, Marie Braquemond*. Katalog zur Ausstellung, Ostfildern 2008

Emily Maude Tayler und Doris Lessing

Doris Lessing: *Das Leben meiner Mutter*. Berlin 1987
Doris Lessing: *Alfred und Emily*. Hamburg 2008
Doris Lessing: *Unter der Haut. Autobiografie 1919–1949*. Hamburg 1994
Doris Lessing: *Martha Quest*. Stuttgart 1981
Doris Lessing: *Das goldene Notizbuch*. Frankfurt/Main 1978
Doris Lessing: *Das fünfte Kind*. Hamburg 1988

Karen und Brigitte Horney

Karen Horney: *Die Psychologie der Frau*. Frankfurt/Main 1984
Brigitte Horney: *So oder so ist das Leben. Eine unvergeßliche Schauspielerin erzählt ihr Leben*. Aufgezeichnet von Gerd Høst Heyerdahl. Bern, München, Wien 1992
Susanne Schädlich: *Karen Horney. Die Rivalin Freuds*. Stuttgart 2006
Inge Stephan: *Die Gründerinnen der Psychoanalyse. Eine Entmythologisierung Sigmund Freuds in zwölf Frauenporträts*. Stuttgart 1992

Bernard J. Paris: *Karen Horney. Leben und Werk*. Freiburg i. Br. 1996
Jack L. Rubins: *Karen Horney. Sanfte Rebellin der Psychoanalyse*. München 1980

Mathilde und Vicki Baum

Vicki Baum: *Es war alles ganz anders. Erinnerungen*. Berlin 1962
Ankum, Katharina von (Hg.): *apropos Vicki Baum*. Frankfurt/Main 1998
Nicole Nottelmann: *Die Karrieren der Vicki Baum. Eine Biographie*. Köln 2007
Vicki Baum: *stud. chem. Helene Willfüer*. 1928, 1930 verfilmt mit Olga Tschechowa
Vicki Baum: *Menschen im Hotel*. 1929, 1931 verfilmt mit Greta Garbo
Vicki Baum: *Liebe und Tod auf Bali*. 1937

Renée Schwarzenbach-Wille und Annemarie Schwarzenbach

Areti Georgiadou: *»Das Leben zerfetzt sich mir in tausend Stücke«. Annemarie Schwarzenbach. Eine Biographie*. München 1988
Annemarie Schwarzenbach: *Alle Wege sind offen. Die Reise nach Afghanistan 1939/1940*. Basel 2000
Alexis Schwarzenbach: *Die Geborene. Renée Schwarzenbach-Wille und ihre Familie*. Zürich 2005
Alexis Schwarzenbach: *Auf der Schwelle des Fremden. Das Leben der Annemarie Schwarzenbach*. München 2008
Dominique Laure Miermont: *Annemarie Schwarzenbach – Eine beflügelte Ungeduld. Biographie*. Zürich 2008
Alexandra Lavizzari: *Fast eine Liebe. Annemarie Schwarzenbach und Carson McCullers*. Göttingen 2008

Hedwig Dohm, Hedwig Pringsheim und Katia Mann

Isabel Rohner: *Spuren ins Jetzt. Hedwig Dohm – Eine Biografie*. Sulzbach/Taunus 2010
Chantal Louis: *Hedwig Dohm*. In: Emma, 09/10 2006
Inge und Walter Jens: *Katias Mutter. Das außerordentliche Leben der Hedwig Pringsheim*, Reinbek bei Hamburg 2005
Inge und Walter Jens: *Frau Thomas Mann. Das Leben der Katharina Pringsheim*, Reinbek bei Hamburg 2003
Marianne Krüll: *Im Netz der Zauberer. Eine andere Geschichte der Familie Mann*, Frankfurt/Main 1991

Queen Victoria I. und Victoria, »Kaiserin Friedrich III.«

Carolly Erickson: *Königin Victoria. Eine Biografie*. München 2001
Ronald D. Gerste: *Queen Victoria. Die Frau hinter dem Mythos*. Regensburg 2000
Kurt Tetzeli von Rosador und Arndt Mersmann (Hg.):

Queen Victoria. Ein biografisches Lesebuch. München 2000
Hannah Pakula: *Victoria. Tochter Queen Victorias,
Gemahlin des preußischen Kronprinzen, Mutter Kaiser
Wilhelms II*. München 1999
Friedrich Ludwig Müller: *Vicky. Aus dem Leben der Victoria
von Preußen – Kaiserin für 99 Tage. Monumente. Publikati-
onen der Deutschen Stiftung Denkmalschutz*. Bonn 2005

Hedwig Reiling und Anna Seghers

Pierre Radvanyi: *Jenseits des Stroms. Erinnerungen an
meine Mutter Anna Seghers*. Berlin 2005
Anna Seghers: *Geschichten aus Mexiko*. Berlin, Weimar 1970
Anna Seghers: *Das siebte Kreuz. Ein Roman aus
Hitlerdeutschland*. Berlin 2000
Frank Wagner, Ursula Emmerich und Ruth Radvanyi (Hg.):
Anna Seghers. Eine Biographie in Bildern.
Berlin, Weimar 1994
Christiane Zehl Romero: *Anna Seghers*.
Reinbek bei Hamburg 1993
Christiane Zehl Romero: *Anna Seghers. Eine Biographie
in Bildern*. Berlin 2000
Christiane Zehl Romero: *Anna Seghers. Eine Biographie
1947–1983*. Berlin 2003
Christiane Zehl Romero (Hg.): *Anna Seghers.
Briefe 1924–1952*. Berlin 2008

Margaret Mead und Mary Catherine Bateson

Mary Catherine Bateson: *Mit den Augen einer Tochter.
Meine Erinnerungen an Margaret Mead und Gregory
Bateson*. Reinbek bei Hamburg 1986
Joey Horsley und Luise F. Pusch (Hg.): *Frauengeschichten.
Berühmte Frauen und ihre Freundinnen*. Göttingen 2010
Margaret Mead: *Brombeerblüten im Winter.
Ein befreites Leben*. Reinbek bei Hamburg 1978
Margaret Mead: *Mann und Weib. Das Verhältnis der
Geschlechter in einer sich wandelnden Welt*.
Frankfurt/Main, Berlin 1991
Im Internet:
www.loc.gov/exhibits/mead/: Website der Ausstellung
der Library of Congress anlässlich des 100. Geburtstags
von Margaret Mead
www.interculturalstudies.org: Website des von
Margaret Mead und Ruth Benedict gegründeten
Institute for Intercultural Studies
www.marycatherinebateson.com: Website von
Mary C. Bateson

Clara und Eugenie Schumann

Ingrid Bodsch und Gerd Nauhaus (Hg.): *Clara Schumann
1819–1896*. Katalog zur Ausstellung. Bonn 1996
Katharina Raabe (Hg.): *Deutsche Schwestern. Vierzehn
biographische Porträts*. Reinbek bei Hamburg 1998
Eva Rieger (Hg.): *Mit 1000 Küssen Deine Fillu. Briefe der
Sängerin Marie Fillunger an Eugenie Schumann 1875–93*.
Köln 2002
Joey Horsley und Luise F. Pusch (Hg.):
Berühmte Frauenpaare. Frankfurt/Main 2005
Monica Steegmann: *Clara Schumann*.
Reinbek bei Hamburg 2001
Clara Schumann (CD): *Piano Music*, Yoshiko Iwac. 1999
Clara Schumann (CD): *Klavierkonzert*, Veronica Jochum. 2004
Eugenie Schumann: *Claras Kinder*
(Ursprünglich: *Erinnerungen 1925*). Köln 1995
Eugenie Schumann: *Robert Schumann. Ein Lebensbild
meines Vaters*. Leipzig 1931
Eva Weissweiler: *Clara Schumann. Biographie*.
München 1992

Alma Mahler-Werfel und Anna Mahler

Alma Mahler-Werfel: *Mein Leben*. Frankfurt/Main 1982
Alma Mahler-Werfel: *Sämtliche Lieder*. cpo recording 1987
Françoise Giroud: *Alma Mahler oder die Kunst geliebt
zu werden*. Wien, Darmstadt 1989
Oliver Hilmes: *Witwe im Wahn. Das Leben der
Alma Mahler-Werfel*. München 2005
Barbara Weidle und Ursula Seeber (Hg.): *Anna Mahler.
Ich bin in mir selbst zu Hause*. Bonn 2004
Anna Mahler: Ihr Werk. Stuttgart 1975

Marie Curie und Irène Joliot-Curie

Eve Curie: *Madame Curie. Eine Biographie*.
Frankfurt/Main 1994
Marie Curie: *Selbstbiographie*. Leipzig 1962
Charlotte Kerner (Hg.): *Madame Curie und ihre Schwestern.
Frauen, die den Nobelpreis bekamen*.
Weinheim, Basel 1997
Peter Ksoll und Fritz Vögele: *Marie Curie*.
Reinbek bei Hamburg 1988
Susan Quinn: *Marie Curie. Eine Biographie*.
Frankfurt/Main, Leipzig 1999
Brigitte Röthlein: *Marie & Pierre Curie.
Leben in Extremen*. Köln 2008

Johanna Blamauer und Lotte Lenya

David Farneth: *Lotte Lenya. Eine Autobiographie in Bildern*.
Köln 1999
Lotte Lenya sings Kurt Weill (CD): *Die Dreigroschenoper,
Happy End, Aufstieg & Fall der Stadt Mahagonny,
Die sieben Todsünden. Aufnahmen 1929–1956*.
Hamburg 2010
Jens Rosteck: *Zwei auf einer Insel. Lotte Lenya und
Kurt Weill*. Berlin 1999
Donald Spoto: *Die Seeräuber-Jenny. Das bewegte Leben
der Lotte Lenya*. München 1990
Lys Symonette (Hg.): *Sprich leise, wenn du Liebe sagst.
Der Briefwechsel Kurt Weill/Lotte Lenya*. Köln 1998

Autorinnennachweis

Ulrike Ley
Berthe Morisot & Julie Manet: S. 18
Emily Maude Tayler & Doris May Lessing: S. 26
Karen Horney & Brigitte Horney: S. 34
Mathile Baum & Vicki Baum: S. 42
Hedwig Dohm, Hedwig Pringsheim & Katia Mann: S. 60
Queen Victoria I. & Victoria, »Kaiserin Friedrich III.«: S. 68
Alma Mahler-Werfel & Anna Mahler: S. 100

Susanne Sander
Olga Tschechowa, Ada Tschechowa & Vera Tschechowa: S. 08
Renée Schwarzenbach-Wille & Annemarie Schwarzenbach: S. 52
Hedwig Reiling & Anna Seghers: S. 76
Margaret Mead & Mary Catherine Bateson: S. 84
Clara Schumann & Eugenie Schumann: S. 92
Marie Curie & Irène Joliot-Curie: S. 110
Johanna Blamauer & Lotte Lenya: S. 118

Bildnachweis

Alle Bilder wurden zur Verfügung gestellt mit freundlicher Genehmigung von
picture alliance: S. 2 (dpa), 11 (akg), 16 + 17, 18 (akg/Erich Lessing), 19 + 21 + 22 + 23 (akg),
29 (akg), 30 (Mary Evans Picture Library), 35 (Imagno/Austrian Archives), 40 (akg),
49 + 50 + 51 (dpa), 60 (dpa), 67 (Imagno/Austrian Archives), 69 + 71 + 72 (Mary Evans Picture Library),
73 + 74 +80 (akg), 83 + 84 (dpa), 87 (Everett Collection), 91 (akg/Marion Kalter),
92 (akg), 94 (imagestate/HIP), 97 + 100 (akg), 101, 102 (Imagno), 103 (akg), 104 (Imagno),
109 (akg), 111 (dpa), 113 + 114 (akg), 117 (dpa), 119 (akg), 123 (KPA/TopFoto), 124 (akg), 125 (dpa)
Akademie der Künste, Anna-Seghers-Archiv, Berlin: S. 77 + 79 (Ruth Radvanyi)
Archiv Alexis Schwarzenbach, Zürich: S. 53 + 54 + 56, 59
Mary Catherine Bateson: S. 88 (Fotografie Paul Byers)
Corbis: S. 34 (Bettmann)
Doris Lessing: S. 27
Galerie Ary Jan, Paris: S. 24
Getty Images: S. 85 (Time & Life Pictures)
Marianne Horney Eckardt MD: S. 37 + 39
Keytone (Schweiz): S. 61 (Atelier Elvira, München/Thomas Mann Archiv)
Valentina Lert: S. 42
Monacensia. Literaturarchiv und Bibliothek München: S. 57 (Sign.: EM F 244)
Robert Schumann-Haus Zwickau: S. 99 (Archiv-Nr.: 5795-B2)
Süddeutsche Zeitung Photo: S. 12 (Scherl), 15 (Otfried Schmidt)
Theaterwissenschaftliche Sammlung der Universität zu Köln: S. 64
ullstein bild: S. 9 (Otfried Schmidt), 33, 43 (Yva), 45 + 47 + 48
University of Pennsylvania, Rare Book & Manuscript Library, Philadelphia: S. 106
Weill-Lenya Research Center, Kurt Weill Foundation for Music, New York: S. 118 + 121

Impressum

Deutsche Originalausgabe
Copyright © 2010 von dem Knesebeck GmbH & Co. Verlag KG, München
Ein Unternehmen der La Martinière Groupe

Umschlaggestaltung, Gestaltung und Satz: Anett Hentschel, Nürnberg
Lithographie: Reproline mediateam, München
Druck: Firmengruppe APPL, aprinta druck, Wemding
Printed in Germany

ISBN 978-3-86873-251-1

www.knesebeck-verlag.de